新装版

「不思議な世界の方々」から教わった

予知能力を高める法

予知能力者
松原照子

実業之日本社

新装版によせて

この本が、最初に発行されたのが2014年でした。

東日本大震災の3年後で、まだこれからも日本列島は揺れるだろうと思われていました。実際、2016年に熊本地震が起き、2018年6月には大阪府の北部、さらに9月には北海道の胆振《いぶり》東部が大きく揺れました。

2020年以降、いつまた大地が大きく揺れるかわかりません。来てほしくありませんが、近いうちに起きるのは間違いないと思われます。

このたび、新装版として発行するに至ったのは、この本で私が皆さまにお伝えしたかった、だれにも備わっている「感」を改めて開発しておくことが、まさにいま必要だと思ったからです。

多くの人に開きかけている「感」が活性化されれば、これから必ずや起こるだろう地震や災害の備えに、きっとなると思うのです。

現在、日本のみならず全世界が、新型コロナウイルスの脅威にさらされています。これまでは、地震や台風などの自然災害にばかり目がいきがちでしたが、これからはウイルスという脅威にも注意しなければなりません。と申しますのは、私たちはこれまでにも何度かウイルスに脅かされてきたはずなのに、その危機感は時間の経緯とともに薄れてしまい、「感」も鈍り、対応できなくなってしまっています。

さらにいままでは身の周りにある脅威は、予測のできない出来事や未知なる存在によるものばかりではなくなってしまいました。人によって引き起こされる争いや差別、ハラスメントなども、新たな脅威となっています。私たちはいま、さまざまな脅威にさらされている時代に生きているのです。

こんな時代だからこそ、私たちは自分自身でできる限りの備えをしておかなければならないと思うのです。自らを守るためだけでなく、大切な人、家族、仲間を守るために、まずは脅威を事前に察知すること、さらに脅威を回避する準備や心構えが重要になります。そのためには、ご自身に備わっている能力を最大限に活性化させておくのです。人まかせでは大切なものは守れません。だから、生まれ持って備わっている「感」を開発しておいてほしいのです。

改めて、不思議な世界の方々から教えていただき、そして私自身がやり続けている、人が持つ秘めたる能力を高める方法をお伝えいたします。この時代を生き抜くために、ご自身と大切な人たちを守るための手段として、ご活用いただければ幸いです。

２０２１年１月吉日

はじめに

地震や災害に必要な準備「感」

東日本大震災が2011年に起きてから、もう10年になろうとしています。阪神・淡路大震災からは26年になります。

記憶のなかでは、ほんの少し前のことのような気もするし、随分昔のような気もします。阪神・淡路大震災から東日本大震災のあいだにも、新潟県中越地震が起きるなど、日本列島はずっと揺れています。

この先も日本は揺れ続けるでしょう。そして、それほど遠くない未来には大きな地震や災害が起きるのではないかと思っています。

起きてしまうことは仕方がありません。きっと避けられないことなのでしょう。でも、被害を最小限に抑えることはできます。それには日頃から準備をしておくことです。皆さん、心の準備をちゃんとしていますか？　私は少し心配しています。

「備えあれば憂いなし」とよく言いますが、心の準備を怠らなければ、悲しみも少なくて済みます。

その心の準備となることを、この本ではお伝えしようと思っています。

私が考える大切な心の準備とは、「感」です。

よく、「勘がいい」とか「勘が働く」などと言いますが、その「勘」よりも〝ひらめき〟や〝直感〟〝予感〟に近いニュアンスの「感」です。

どんな生き物でも持っている、生きるうえでの大切な動物的「感」。

「胸騒ぎがして、実家に電話をしたら、親が体調を崩して寝込んでいて、無事に助けてあげることができた」「なんとなくイヤな感じがして、いつもと行く道を変えたら、大事故を避けられた」「会いたいと思っていた友人から、突然電話がかかってきた」など、皆さんも日常で経験したことがあると思います。

事故や災害から身を守れる人と守れない人がいます。それは偶然の差ではなく、自分の身を守る「感」が働いたか働かなかったかの差なのです。

「感」が開いている人が増えている

私は東日本大震災のあと、随分とたくさんの人が地震を事前に感じるようになったと思っています。阪神・淡路大震災のあとにも揺れが来ることを当てる人がかなり出てきていたのですが、そのときよりも多いように思います。

インターネットなどの普及で、だれもが情報発信を手軽にできるようになったこともあるのでしょうが、多くの人が気づきを人々に伝えるようになりました。

なぜ増えているのかというと、大震災のあと、多くの人の「感」が開いたからなのです。生き物が本来持っている、生き抜いていくために必要な予知能力。自らの命を守るために、大切な人や子どもや親兄弟を守るために働くもの。危機を察知して、事前に回避するための動物的「感」が開いた人が、増えたからだと思います。

不思議な世界の方々との繋がりも「感」がポイント

私が不思議な世界の方々とお会いできるのも、きっとこの「感」が開いているからなのでしょう。不思議な世界の方々は、私たちが暮らす世界とは少し違うところにいらっしゃいます。私は小さいころから不思議な世界の方々にいろいろなことを教わり、大切に守られて育ってきました。ほかの人にも見えていると思っていたのですが、ほとんどの人には目に映らないと知ったのは35歳くらいのこと。東日本大震災のことなどを言い当てたと世間で騒がれましたが、これらのことも不思議な世界の方々とお話をしているときに教えていただいたことです（詳しくは『「不思議な世界の力」を借りて、幸せになる』をご覧いただければ幸いです）。

地震などを予知したことで、「松原さんは特別だから」とよく言われるようになりましたが、きっと違います。超能力とかではなくて、人が本来持っている「感」がうまく働き、そのことを素直に受けとめているからです。

もちろん、「感」が働くことをただ待っているだけではありません。日常のなかで、「感」が上手に開発されるように、またうまく働くように行っていることがいろいろあります。儀式というか、決め事というか……。特別に修行のようなことをするわけではありません。日頃の生活のなかで、手軽にできることばかりです。気分を変えるためにやったり、生きていることを楽しむためにやったり。

こういったことで、私流の「感」が育まれたのだと思います。

「感」が閉じないように開発を！

多くの人に開いている動物的「感」も、放っておいたらだんだん閉じてしまいます。漫然と生活していたり、「私はきっと大丈夫」と根拠のない自信を持っていたり、身に迫る脅威に対する警戒心が薄れてしまっていたり、心配し過ぎたりすると、「感」は働かなくなってしまいます。

大きな地震や、予想もつかないような事故や災害は、いつ起きるかわかりません。きっとそう遠い未来の話ではないと感じています。ですから、「感」を開発して準備しておきましょう。

この本では、私が日頃から行っているさまざまな感をよく働かせる方法や「感」の働きを高める〝儀式〟を紹介します。皆さんの「感」の開発に、お役立ていただければ嬉しく思います。

目次

第2章 「感」が鈍っているとき――61

第3章　ラブの「感」を開く

第1章

「感」を開発する

◉イヤだと思ったらすぐに打ち消す

「感」は大きく次のふたつに分けられます。

当たると嬉しい「感」と、当たってほしくない「感」です。

「感」は本来、身を守るために働くものですが、人生をより良い方向に導くのも「感」の働きです。「感」を開発することは、生き延びること、大切な人を守ることだけでなく、ご自分にも活力を与えます。

当たってほしくない「感」が働いたとき、どう対処すればいいでしょう。回避法を知っておくのはとても大切です。

「なにかイヤだなあ」と感じたとき、皆さんはどうされていますか？　その「感」が当たらないように、打ち消さなければなりません。

例えば、朝起きたときにイヤな「感」が働いて、「車を運転したくないなあ」と感じた日に事故を起こしてしまったとか、「今日はスピード違反で捕まりそうな気がするなあ」と思ったら本当に捕まったとか、「感」が開いていると、このようなことがよく起こります。

「感」は身の危険や、この先で問題が生じそうなときに働き始めます。

「なかなか、いい感が働かないなあ」と思っている人、大丈夫です。「感」とはそういうものですから心配しないでください。あなたに「感」がないわけではありません。「感」が働くと、我が身に起きることを事前に感じ取れることが多くなります。まず、感じたことを素直に受けとめ、ご自分に「わかりました」と話をしてから、いま生きていることを喜んでください。

あとからあのときに感じたことが当たっていたと気づいたときは手遅れです。

さて、「なんとなくイヤだなあ」と感じたときの対処方法です。

イヤな「感」がよぎった瞬間に、「これは当たりません」と打ち消してください。イヤな「感」の内容を吟味する人がいます。「これにはどういう意味があるのだろう」とか、「いいことを逆説的に示唆しているではないか」とか……。

そんなことはどうでもいいので、まず、イヤな「感」が当たらないように否定します。できれば言葉に出したほうがいいでしょう。それも、「当たりませんように」というお願いの言葉でなく、「当たりません！」と強く言い切るようにします。

言葉には不思議な力があって、「〇〇になれますように」という〝お願い〟よりも、「〇〇になります」という〝宣言〟のほうが、実現の可能性が高くなると言われています。それを、心のなかでつぶやくのではなく声に出すのです。

「これは当たりません！」「〇〇は当たりません！」と、力強く否定しましょう。少なくとも3回はご自分に話しかけてください。

◉時の流れを変えて人生を変える

イヤな「感」が働いたので、すぐに打ち消しました。それでもまだイヤな感じがぬぐえないときがあります。

そのときは、行動の時間・リズムを変えます。

イヤな感じが残っているけど、それでも出かけなければいけない場合には、まず出かける時間を早くするか遅くするかします。1分でいいのです。早めたほうがいいと判断したら、支度のスピードを上げます。遅くしたほうがいいと感じたら、行きたくなくてもトイレにでも行ってください。早くするか、遅くするか、その二者選択は、イヤな感じがぬぐえないと感じた瞬間に決めます。これも、戸惑ったり躊躇《ちゅうちょ》したりしていてはいけません。どちらがいいか、迷わずに即決します。

事故は一瞬の出来事です。点と点がぶつかるようなもの。だから、ほんの少し時間をずらすだけで回避できるのです。トラブルや悪い出来事も同様です。ほんの少し、数秒の差は実はとても大きくて、例えばエレベーターに運命の人が乗っていたとしますね。もしかしたら、ほんの数秒の差で扉が閉まってしまい、あなたは運命の人と出会えないかもしれない。ほんの数秒が人生を大きく変えてしまうのです。

時間・リズムを変えることで時の流れが変わり、人生が変わるのです。この流れがわかると、「感」はますます冴《さ》えていきます。

人は、心の思いが行動を生み、行動が習慣を生みます。そして、習慣が決め事になっていきます。なんとなくご自分の状況が悪いと感じている人は、この習慣を見直してみることです。習慣を見直すには、習慣を生む行動を見直さなければいけません。この行動を見直すにも、時間・リズムを変えることはとても有効です。

イヤな「感」から回避するばかりでなく、人生を変えることも可能な方法です。

◉心から嬉しいと「感」はよく働く

「感」は、なにもしなくても働くものではなく、都合よく育つものでもありません。

それどころか、些細なことで働かなくなることがあります。

日常生活のなかでイライラが多かったり、悩み事にとらわれていたり、なにかに心を奪われていたり、いつも怒っていたり……。そうすると、「感」は働かなくなってしまいます。さらに、このような生活を繰り返していると、「感」は少しずつ閉じてしまいます。――大丈夫ですか皆さん、心当たりはありませんか?

さらに気をつけなければいけないのは、「私には無理」「どうせ私なんか」という言葉。これらは、「感」を閉ざしてしまう悪魔の囁《ささや》きですから、日頃から使わないように気をつけましょう。

「感」がよく働くのは、心がウキウキしているときです。私は原稿を書いているときがとても楽しい時間なのですが、不思議な世界の方々の声がよく聞こえるのも、こういう状態のときです。

煩雑《はんざつ》なことに心がとらわれていなくて心が落ち着いている状態で、身の周りのさまざまなことに感謝の気持ちを持っていて、素直に自分自身を認められているときなども「感」は働きます。

◉自分の「感」は素直に信じる

「感」を開発するにあたって、大切なことがあります。

ひとつは、自分に備わっている「感」を信じるということです。意外と自分の「感」を認めていない人が多いように思います。

例えば、「彼氏が浮気しているかもしれない」と「感」が働いたとしますね。そういうときは、まず間違いなく彼氏は浮気をしています。でも認めたくない、それを信じたくないという気持ちがあるから、当たっている「感」を無視してしまうのです。せっかく「感」は働いているのに……。

「ヤキモチを妬《や》いたらこの恋は終わりになる」

「認めたら別れなければならない」

そんな気持ちがあるから「感」を無視してしまいます。

でも、それはあなたに「愛」があるから。だからしょうがない。そういうときはまず「感」を認めてしまいましょう。そこから、別れる、別れないを考えればいいんです。だって、あなたにとってどうなることがいちばんの幸せなのか、わからないじゃないですか。もしかしたら、別れることがあなたにとって、幸せなのかも……。

あなたを守るために「感」は働いているのですから、受け取った自分の「感」は大切にしてください。

◎「感」の開発に大切な時間の使い方

前述したように、時間の過ごし方や使い方が、「感」の開発には重要なポイントとなります。

一日の時間の過ごし方を変えれば、ますます「感」は開発されていきます。また、「感」が開発されれば、一日の時間の過ごし方が変わります。

まさにこのふたつは、お互いが関連し合ってお互いを高めていく相関関係にあるのです。

だれにとっても、いまも昔も、今日も昨日も、一日は24時間です。

しかし、時間が足りないと言う人がいれば、時間を持て余している人もいます。一日が早かったと感じる日があれば、一日が長かったと感じる日もあります。

なにが違うのでしょう。ここにヒントがあります。

楽しいこと、好きなことをやっているときは、時間の経つのが早く感じます。ゲームが好きな人にとっては、ＰＣゲームをやっているときは時間の経つのが早いものです。ゲームの最中はゲームのことで頭がいっぱいで、彼氏や彼女がいまどうしているかなんて頭には浮かんできません。

私の場合、原稿を書いているときは時間の経つのが早く感じます。原稿を書くことは心の対話を書いているわけで、すごく集中力が高まっていて、あっという間に時間が経ち、書くスピードもとても早く、何枚も書けてしまいます。

ゲームと原稿書き、時間の経つのが早いと感じるのは、一見同じように思われますが、実は大きな違いがあります。

ゲームの場合は、時間を忘れるほど没頭はしていますが、そこには心がありません。「心を忘れている」状態なのです。一方、原稿を書いているときには、心と対話をしているわけですから、「心を忘れてはいない」のです。

別の例を挙げてみましょう。男と女が抱き合っているとき、時間の経つのがあっという間なら、それはふたりに心があるということです。時間が長いと感じるのは、心がないからなのです。

時間の使い方で大切なのは、「心を忘れた時間をいかに少なくするか」です。

つまり、「いまなにをしているかという自覚のある時間をいかに多く持てるか」ということなのです。このような時間には、「感」は精力的に働き、私たちにさまざまな情報を伝えてくれます。

一日のなかで、「自覚ある時間」「心のある時間」が多くなればなるほど「感」は開発され、どんどん研ぎ澄まされていくのです。

◉心を忘れている状態では「感」を受け取れない

心が楽しくウキウキしているときが、「感」がいちばんよく働くときです。逆に、「心を忘れている」状態のときは、「感」は働きづらくなっています。

「心を忘れている」状態のときになにか緊急なことが起きても、すぐに対応できない恐れがあります。

いま、地震の前にはなんとなく胸騒ぎがすると感じている人たちでも、ゲームに没頭しているときには、その「感」を受け取りづらくなっています。

また、心を忘れている時間が長く続くと、その「感」自体が鈍くなってしまいます。

せっかく開いた「感」を大切にするためにも気をつけてください。
しかし、心を忘れた状態をまったく持ってはいけないと言っているわけではありません。人には心を忘れた状態や、なにも考えない時間も必要です。
そういうときには、「心を忘れて遊びます」とか「なにも考えない時間を持ちます」と宣言したり、そういう意識を持って、遊んだり時間を過ごしたりすればいいのです。これから「心を忘れに遊びに行く」と意識していれば、「感」を鈍らせることが少なくなります。

◉開発したい「感」を決める

ここまで、一括りに「感」と言っていましたが、「感」にはいろいろな種類があります。

自分に対して働く「感」、子どもや親兄弟に対して働く「感」、大切な人に対して働く「感」、ラブの「感」、仕事の「感」をはじめ、お金の「感」など、さまざまです。

「感」を開発するにあたっては、まずどの「感」をより研ぎ澄ませたいか、どの「感」が働くのがいまの自分にとって最もいいのか、それを決めましょう。

好きな人がいるならラブの「感」、いい仕事をしたい人は仕事の「感」、夫婦仲を良くしたいなら家族の「感」などです。

「感」は本来、自らの生命の危機を事前に予知し、回避するために働くものです。

それを、自分のためだけではなく、自分の大切な人を守るため、親兄弟を守るために働くようにするのが、「感」の開発です。

さらに開発を進めると、ベストなパートナーを見つけるために、仕事で成果を挙げるために、勝負に勝つために、「感」は働くようになります。

ご自身が生きていくうえで、最も大切に考えていること。それが、最も「感」の働きやすい、「感」にしてみれば、働きがいのある領域です。まずはそこから「感」の開発を進めるようにしましょう。

「感」全体のレベルアップを図る方法、さらに働かせたい「感」の開発方法をご紹介します。

❀不思議な世界と繋がる不思議な言葉

不思議な世界の方々に教えていただいた言葉があります。

「ガバジャラミタ」

という言葉です。どういう意味なのかわかりませんが、私は心を落ち着かせたいときや天に向かってお願いをするときなどによく唱えます。

「ガバジャラミタ、ガバジャラミタ……」と声に出して何度も唱えると、スーッと心が静まります。

お願い事をするときは朝の4時に起きて行います。

朝の4時は天の力を最も借りやすい時間です。

起きたらまず手に塩をつけて洗います。それから天に向かって、「ガバジャラミタ、ガバジャラミタ……」と心が落ち着くまで唱えます。

心が静まったら天に向かい敬愛の念を込め、声を出してお願い事を言います。

何回唱えなければいけないという決まりはありません。ご自身の心が軽くなるのを感じ取れるまでで構いません。

「ガバジャラミタ」と声に出して唱える

「朝の4時にお願いしたあとは、どうしたらいいですか」とよく聞かれますが、また寝てもいいですし、散歩や体操をされても構いません。自由にお過ごしください。

以前、10人くらいが集まり、この「ガバジャラミタ」を皆で唱えたことがあるのですが、全員がそれぞれ不思議な体験をしました。

この言葉の波動が、不思議な世界や天に届く周波数と合っているのかもしれません。

✿手軽に「感」をレベルアップ

広大な宇宙のなかで、地球は太陽の周りを回っている小さな惑星です。

この地球に生き物が誕生してここまで繁栄したのは、奇跡と言っていいほどの確率です。いまも太陽の光が届かなければ、地球上に生き物が存在し続けることは不可能です。まさに、太陽は私たちにとって生きる力の源なのです。

その太陽からの光は、雨上がりの空にかかる虹を見ればわかるように、7色に分解されます（外国によっては、8色だったり3色だったりするようです。見え方、感じ方が違うというのも面白いものです）。

アインシュタインによると、光は波動であり粒子であるそうです。

私が不思議な世界の方々に伺ったところによると、光のなかの色の波動が人のエネルギーを高めるそうです。

光すなわち「色」は、「感」を育むのに重要なポイントとなります。

その日一日の「感」を高めるためには、朝起きたときにいちばん気になる「色」を身につけるようにします。

「青」がいちばん気になったら、青色の下着をつけるとか、青色のシャツを着るとか、あるいは青色がワンポイント入ったハンカチを持つのもいいでしょう。

名刺くらいの大きさの７色のカードを用意しておいて、その日最も好きな色のカードをお財布に入れて持ち歩くのも効果的です。

好きな色は「感」を高めます。もっと「感」を高めたいときは、カーテンや食器などを好きな色にすることをおすすめします。

朝いちばん、最も気になる色を身につける住環境を好きな色に染め上げる

私はいま、お風呂場を真っ赤にしています。壁に赤色の花柄のシールを貼り、桶を赤色のものに替え、石けん置きも赤色、タオルも赤色といった具合です。

赤色に囲まれていると、いまの私はとても気が高まるんです。

これって、１００均ショップで買えるものばかりなので、それほどお金もかかりません。手軽にできて効果が上がる、おすすめの方法です。

❀言葉遣いに注意

私は関西出身ということもあり、いまでも関西弁で話すことがよくあります。

日本にはさまざまな方言があり、お国言葉と呼ばれています。お国言葉を聞けば、その人の出身地がほぼわかります。

言葉からはさまざまなことを知ることができ、出身地ばかりか、その人の性格や人柄、本質的なことまで見えてきます。

人が発する言葉で大切なのは、イントネーションや言葉の醸《かも》し出す雰囲気ではなく、私は言葉遣いにあると思います。

私は毎日コーヒーを飲むことを楽しみにしているのですが、「コーヒーでも飲も！」と言うよりは、「コーヒーさんと仲良くしよう」と言うように意識しています。

同じ行動をするにしても、なにかが違うと感じませんか？

言葉というのは、相手に意志を伝える本来の目的のほかに、自分自身にも影響を与える性格を持っています。

とくに独り言は、自分へ跳ね返ってくる影響が強くなります。

きれいな言葉遣いは自分を浄化する

例えば悩んでいるとき、怒りが沸々と沸いているとき、皆さんはこんな言葉を使ったり、思ったりしていませんか？

「もうイヤ」「どうせうまくいかない」「まったくもう」「バッカじゃないの」

こういった言葉は、すべて自分に返ってきて自分をいじめます。

日常で自分自身に使う言葉は、きれいな言葉を使うようにしましょう。きれいな言葉は、あなたを浄化してくれます。

✿「感」の開発を実感できる方法

まず、自分に「感」があることを信じてください。

そして毎月の初めに、スケジュール表やカレンダーの自分が気になる日にチェックマークを入れます。

チェックマークを入れた日になにも起こらないかもしれませんが、意外とその日にトラブルを起こしたり、ハッピーなことが起きたりします。

月の終わりに振り返り、実際どうだったかを検証することも忘れずに行いましょう。

当たる回数が増えてきたら、それは「感」が育っている証拠です。

あまり当たらないという人でも、「感」は危機回避のために働くものですから、危険察知能力を高めるためにも続けることをおすすめします。

チェックマークは、どんなマークでもいいです。自分さえわかればＯＫです。

私は以前、手帳に「娘のことが気になる日」というのを入れていました。

月の終わりに振り返って見てみるとやはり、病院に連れていった日とか、喧嘩をした日などがチェックした日と重なっていました。

これはまさに、子どもに対する「感」が働いたと言えます。

ですから、チェックを入れるときは、「感」が働く対象を想定することも大切です。子ども、夫、妻、好きな人、自分、仕事のことも対象にしてください。

「きっと当たらない。私には無理」とまだ思っている人は、自分に「感」があることを信じることです。

それでも無理という人は、それはたぶん、ご自分のことを信じていないのか、想定している相手の人のことをあまり真剣に考えていないのだと思います。それでは、「感」も働きません。

迫りつつある大地震や災害から大切な人を守るためにも、危機能力は高めておくことが大切です。

「転ばぬ先の杖」を用意しておきましょう。

スケジュール表やカレンダーにチェックを入れる

✿不思議な世界と繋がるのに必要なこと

私が不思議な世界の方々と会話ができるのは、ひとりでいるときに空想の世界にいる時間がものすごく長いからじゃないかと最近思うようになりました。新幹線に乗って空想していると、東京から大阪にはあっという間に着いてしまいます。

空想の世界では、時にはピーターパンになって空を飛んでいたり、吉永小百合さんになって映画の主人公になっていたり、大金持ちになっていたり、20歳のころに戻って人生をリアルにやり直したり……。もう本当に内容はいろいろです。

空想をしていると、ウキウキしたり、ワクワクしたり、とにかく心が楽しくなります。この楽しいという感覚がとても大事で、楽しいときにはとてもよく頭が働きます。さまざまなアイデアが閃いたりもします。

そして、そんな楽しいときに不思議な世界の方々がいらっしゃると、会話を楽しむことができるのです。

逆に心が曇っている状態のときには、考え方がシンプルになれずに、どこかスッキリしなくて何事もはかどらなくなってしまいます。

楽しい空想をたくさんする

楽しい気持ち、ウキウキする気持ちを一日のなかでどれだけ長く保つことができるか、これが重要で、「感」を働かせる最もいい方法なのです。

人は調子が上がらないと、どうしても悪いことばかり考えてしまい、悪いほうへ悪いほうへと行ってしまいます。

でも、ひとりの自由な時間を悪いことばかり考えて過ごすのはもったいないですよね。

どうせなら、ウキウキする空想をいっぱいして、楽しみましょう！

✿簡単にものを捨ててしまう人に

いま世間では、〝ものを捨てる開運法〟が流行っているようです。

必要のないものまで溜め込んでいるのはどうかと思いますが、なかなか捨てられないものってありますよね。

他人にとってはなんでもないものでも、本人にしてみればとても愛着があるもの。そのものと意識が通じているような気がするから、ずっと手元に置いておきたい。でも不思議と、もう捨ててもいいかなと思う日がやってきます。それが、縁の切れ目なのです。

私はそういったものを捨てるとき、お別れの儀式をします。簡単です。

「ありがと、いままでありがと、ごきげんよう」

と言うだけです。言い方もさまざまです。決まっていません。気持ちを伝えることが大切なのです。

私は毎日、原稿用紙にお気に入りのシャープペンシルで文字を書いています。そうすると、たくさんの消しゴムのカスが出ます。書けば書くほど、すごい量になります。

そのカスは毎回集めて、クルクルと丸めて「ご苦労さま、ありがとう」と言ってから捨てます。消しゴムってものすごい数が作られているわけでしょう。そのなかからなぜ私のところに来てくれたんだろうと思うと、不思議な気持ちになります。

食べものも同じです。

「この野菜はたくさん作られたなかで、どうして私のところに来てくれたんだろう。しかも体に入って、私の一部になる」

そう考えた瞬間に深い縁を感じるんです。

身の周りのさまざまなものたちが偶然ここに来てくれたとは思えない。私にとっては感動の世界なのです。

深い縁を感じて、それだけでも感謝の気持ちが溢れてきます。

そんな気持ちが、「感」の開発の役にも立っているような気がします。

感謝の言葉を伝えてからものを捨てると、「感」の開発にも役立つ

✿毎日「感」の開発を行うための方法

これは、日常のなかで手軽に「感」の開発ができるトレーニング方法です。

サイコロをひとつ用意し、これを毎朝10回振り、出る目を予想します。10回のうち何回当てることができたかを毎日記録します。不思議なことに、毎日やっていくうちに、だんだん当たる回数が増えていきます。また、毎日繰り返すことで、その日は「感」が冴えているかどうかの周期もわかるようになります。

「感」は冴えている状態がずっと続くのではなく、よく働く状態と鈍っている状態が繰り返しやってくるものです。いま自分がどの状態にいるのかを知っておくことはとても大切で、鈍っている状態のときにはいつも以上の注意が必要です。

例えば朝、サイコロを振って、いつもより当たる回数が少なく、「感」の状態が良くないことがわかったら、決断を迫られるようなことがあっても即決しないで、ひと息つけて考える間を置き、それから決めるといった慎重な対応をしましょう。

透視能力トレーニングのための「ＥＳＰカード」というものがあります。カードに丸や星形、十字などが描かれていて、その記号を透視して当てるというものですが、

毎朝、出かける前にサイコロを振る

そこまではやらなくてもいいと思います。自分でカードを作ってもＯＫで、例えばハート形が出たら今日はラッキー日とか、星形が出たら飲みに行くといいことがありそうとか、そのくらい気楽に楽しんだほうが、「感」の開発に効果があります。

　朝、出かける前のほんの少しの時間を使うことで、その日一日を楽しくスタートすることができます。これが大切なんですよ。

❀今日起き得る出来事を感じ取るために

私は毎日、ブログ『幸福への近道』に、その日に感じたことや不思議な世界の方々に伺った話などを、日記と世見《よけん》として書いています。

そのブログを書いていて最近、気が付いたのですが、いまの自分の歳をよく書いています。

この歳になって、自分の年齢をことさらアピールしたいわけじゃないですよ。64歳のときにブログで東日本大震災を言い当てたと騒がれ、それ以降、普通の社会人だったそれまでの人生とはまったく違う道を歩み出すことになったのですが、もう10年が経ちました。どちらかというと世間では、年齢は隠しておきたい人が多い年頃ですよね（本人は、まだ40歳と思っているのですけど）。

それなのになぜいまの歳を書くのかを考えると、この歳は一生で一度しかなく、その貴重なときをいま生きているという自覚がものすごく強いからです。

普通は今日は何月何日の何曜日という認識を持ちます。

でも、私は○歳の○月○日と自覚しているのです。

一度しかない自分の年齢の今日一日を強く自覚する

年寄りは年齢を自覚しなさいと言っているわけではありません。

20歳の○月○日でも、35歳の○月○日でも、その人のその年齢の一日しかないその月日を自覚してほしいということです。

そうすると、不思議なことにその日に起きそうな良いこと悪いことを、なんとなく感じることができるようになるのです。

定められた運命が存在するのかどうか、私にはわかりません。

しかし、過去、現在、未来と連なる時間軸のなかで、２０２１年○月○日はだれにも共通ですが、私の○歳の○月○日は私にとって唯一のものなのです。その唯一の日の私のための情報をキャッチするには、年齢を感じることが必要なのだと思います。

そうすることで、「感」も働きやすくなっているのでしょう。

いまの年齢の一度しかない今日一日を強く意識してみてください。

✿集中力・理解力を高めたいとき

「あーっ、忙しい忙しい。あれもやらなければいけないし、これもやらなければいけない……」

日常のなかで思わず頭をよぎったり、声に出したりしていませんか。

実際に、やらなければいけないことが山ほどあるのに時間が足りない。頭のなかは同時に複数のことを処理しようとフル回転。でも、こういうときこそ集中して、一つひとつ物事に対処していかなければなりません。

そのためにはまず、集中して現状を理解すること、あるいは集中して自分がなにをやるべきかを考えてみることです。

意識や気持ちがなかなか集中しきれないときにぜひ試してほしいのが、「口を軽く閉じて、舌を上あごにつける」という方法です。脳に近い舌を動かすことは、脳の活性化や意識を覚醒させたりするのにとても役に立ちます。その動きのなかでも上あごにつけるのは、集中力を高めるのに最適な方法です。

ゲームに夢中になっているときやボーッとしているときは、口はポカーンと開いて

口を軽く閉じ、舌を上あごにピタッとつける

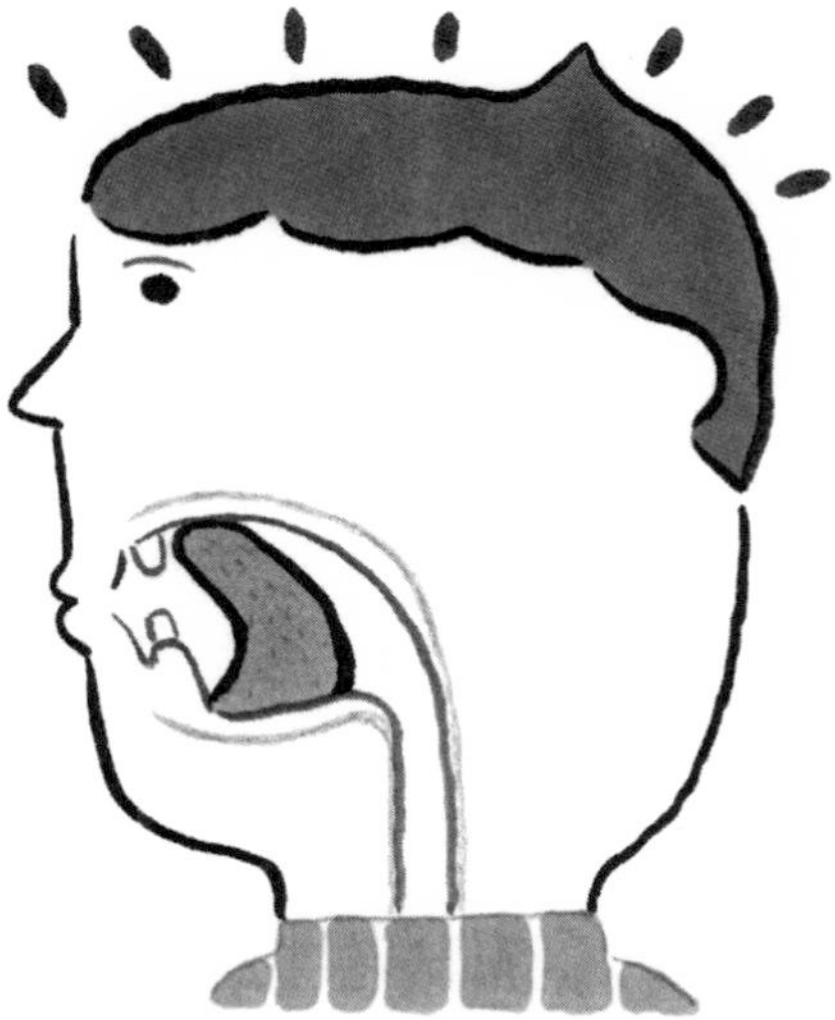

いて、舌は前に出ていたり、どこにも触れていない状態になっていませんか。このような「心を忘れている状態」のとき、舌は秘められた力を発揮していません。意識をはっきり持つためには、舌を意識して、上あごにピタッとつけるのです。こうすることにより、「感」を高めることができます。

学校の授業や勉強会などで、集中して聞いて覚えたいときにも、ぜひ試してみてください。理解力も驚くほど上がるはずです。

✿街角ですぐにできる危機回避法

この章の初めに、「心を忘れている状態」だと「感」を受け取れないと書きました。同じような状態に、「無意識に行動しているとき」というのがあります。

例えば、通い慣れた道を歩いているときは、頭のなかで別のことを考えていても、道を間違えることはありません。気が付いたら駅に着いていたとか、あるいは駅に着いたことすら自覚せず、そのまま電車に乗り込んでいたといった状態のことです。これがまさに「無意識に行動しているとき」です。これは「感」を受けづらくなっている状態なので、こういったときは事故や事件に遭いやすくなっています。

こんなときってほとんどの場合、ボーッとしているんですよね。

ボーッとしているときというのは、意外と自分では自覚できないもので、だから「感」も受けられないし、突発的なことに対応ができないのです。

外出しているときに私が実践している、「心を忘れている状態」「無意識に行動しているとき」から瞬時に抜け出せる方法をお教えします。

それは、ボーッと道を歩いていると思ったら、その場に立ち止まって両足を揃えます。そして、次の一歩を右から出すか左から出すかを考えるのです。

こうすることで、それまで意識せずに動いていた体とまったく別のところにあった思考が、立ち止まって足を揃えようと意識を持った瞬間にひとつになれるのです。

これでまた「感」は働くようになります。

さらに、どちらの足から出すかは、この先いつものペースで行きたいなら利き足から、ちょっとなにかを変えたいなと思ったら、逆の足から踏み出します。

いつも自分はどちらの足から踏み出しているか、利き足はどちらか、皆さんは自覚していますか？　これは、普段から意識しておいてほしいことのひとつです。

というのは、いつもの足から踏み出せば、スタートも良く、ギリギリの電車にも乗れるけれど、逆の足だと乗り遅れることがあるからなのです。

人の体は、そのようなリズムになっているのです。面白いものですね。

立ち止まって両足を揃え、次に踏み出す一歩目を考える

✿心を忘れた状態から抜け出す方法①

外出しているときの「心を忘れている状態」からの危機回避法は前述しましたが、ここでは家や部屋にいるとき、室内にいるときの方法をご紹介します。

室内で「心を忘れた状態」になるのは、ゲームをしているときとか、ＴＶでドラマを見ているときや、スポーツ観戦をしているときがそれに当たります。

頭のなかは空っぽで、ボーッとしていて気が飛んでいる状態なので、やはり感は働きずらくなっています。

私のように部屋で原稿を書いていたり、あるいは趣味の手芸をやっていたり、絵を描いたりといった、頭を働かせてクリエイティブなことを楽しんでやっている場合は、「心を忘れている状態」とは別と考えます。

さて、その状態から抜け出す方法ですが、簡単です。

例えば、揺れを感じた瞬間とか、危険を感じた瞬間に、

「ゲームやめます！」

「ＴＶ見るのをやめます」

「遊びやめます！」

と言うのです。たったこれだけで、「心を忘れた状態」から、「感」が働く状態に、瞬時に切り替えることができるのです。

「感」が働いていない状態はある意味、危険な状態とも言えます。危険な状況が訪れたとき、すぐにさまざまな判断を下さなければなりません。そのためにも「感」は必要となってきます。

「心を忘れた状態」から脱するために言葉に出して、自分を取り戻してください。

私は韓流ドラマが大好きです。ドラマを観ているときはきっと「心を忘れた状態」になっているはずです。でも、そのときに大切なのは、自分が「心を忘れている状態」だということを自覚しておくことです。そうすれば、緊急のなにかが起きたときに、すぐに切り替えることができるのです。覚えておいてください。

「遊びをやめます！」と言葉に出して、「感」が働く状態に切り替える

✽心を忘れた状態から抜け出す方法②

「心を忘れた状態」から、「やめます！」と言葉に出して切り替えるやり方のほかにもうひとつ、言葉による方法があります。それは行動する前に、「いまから○○をします」と言葉にしてから行動をするのです。

「いまから洗濯をします」
「これから部屋の掃除をします」
「2階に行って片付けをします」
「これから仕事をします」

このように言葉にすることで、命令が脳に行き、自分がこれからやろうとしていることが意識されるようになります。

「なにをしているのか自覚のない時間」＝「心を忘れた状態」ですから、自分の行動を意識することができれば、「感」は働きやすい状況を保ち続けられます。

掃除や洗濯、歯を磨くこと、日常のルーチンワークなど普段から行っていることは、特別に意識しなくてもできてしまいます。つまり「心を忘れた状態」でもできてしまうのです。

だからあえて、言葉に出してから行動するのです。

これは、ゲームをしたりドラマを観たり、スポーツを観戦するなど、心を忘れやすい行動のときにも使えます。

「これからゲームをします」と言葉に出すことは、いまから「心を忘れた状態」になりますとの宣言です。自分はこれから「心を忘れた状態」になると意識することになるので、緊急時には、すぐにその状態から解放され「感」も働くようになるのです。

隣の部屋まで行って、「あれっ? なにしに来たんだっけ??」という、まるでお笑いのネタのようなことって、ありませんか? これから行動することを言葉に出す方法で、これを解消することができます。

私は認知症防止、物忘れ防止にも効果があると思っています。

「いまから○○します」と言葉に出してから行動する。これは認知症や物忘れ防止にも効果的

場所によっては「感」の働きが鈍くなったりすることがあります。その悪い気を断ち切る方法です。

これはある偉い僧侶から教えていただいたやり方を、不思議な世界の方々がよりパワーアップしてくれた方法です。

✿家や土地、部屋を魔から守る方法

家を建てるときには鬼門を封じるほうがいいとされていますが、家や土地を守りたい場合、土地の四隅に鉄製の刃物を差し込んで埋めるのです。しかも、その刃物の刃には塩をよくすり込み、魔を切る力を高めておきます。

刃物は鉄製であること。ステンレス製では効果がありません。カッターナイフの刃でも、鉄製（鋼製）であればＯＫです。塩をすり込むのがポイントです。

これは、マンションなどにも応用でき、部屋の壁と床のすき間やベランダのすき間に差し込むことで同様の効果を得ることができます。

新しい部屋に引っ越しする際、あるいはいま住んでいる部屋がなんとなくスッキリしないと感じるときにおすすめの方法です。

部屋に刃物やカッターの刃を挿すのがためらわれる場合、刃の代わりに塩を用いてもいいでしょう。ティッシュに同じ量の塩をくるんで四隅に置きます。

きちっとした角に置けない場合は、「ここは四隅です」と言って置けば大丈夫。

塩は天然のものを使用するようにしましょう。

置いた塩はすぐにカチカチになりますが、早く固まるほどスッキリしてくるはずです。できれば毎日替えたほうがいいのですが、気分が良くなってきたら、３日に１回、１週間に１回替えるだけでもいいでしょう。

使い終わった塩は洗面所やトイレなどで水に流します。

そして、これも重要なポイント。刃物を差し込んで埋めるときも、部屋に塩を置くときも、「ガバジャラミタ」と言いながら行うのです。

昔から伝えられている刃や塩の力と、不思議な世界の力が融合して働きます。

四隅に塩をすり込んだ鉄製の刃を埋める塩を置くだけでも効果はある

✿人がもたらす場の空気を一新したいとき

場所が持つ気の悪さ以外に、人がもたらす気の滞《とどこお》りもあります。

お店をやっている人なら、来てほしくないような客に早く帰ってほしいとか、仕事であれば、会議で上司が何度も何度も同じ話を繰り返していて、もう終わりにしたいとか、イヤな来客があり、会話の雰囲気がどんどん悪くなってくるとか。

そういった人によって起きる場の停滞を解消したいときに、相手に気づかれずにできる方法をお教えします。

やり方は、靴のなかで親指に力を入れて、ギュッと縮めたり伸ばしたりを何度も繰り返すだけです。

これは私が会社勤めをしていたころ、実際にやってみたら効果のあったやり方です。

そのころ、社長さんのお小言が始まり、みんな早く終わってほしいと思っていても、これがなかなか終わらない。そうしたら、靴のなかで足が〝もじょもじょ〟してきたのですね。これは不思議な世界の方々がなにかを教えてくださっているのに違いないと思い、親指をギュッ、パッ、ギュッ、パッとしてみたのです。そうしたら、社長さ

靴のなかで親指をギュッ、パッ、ギュッ、パッする

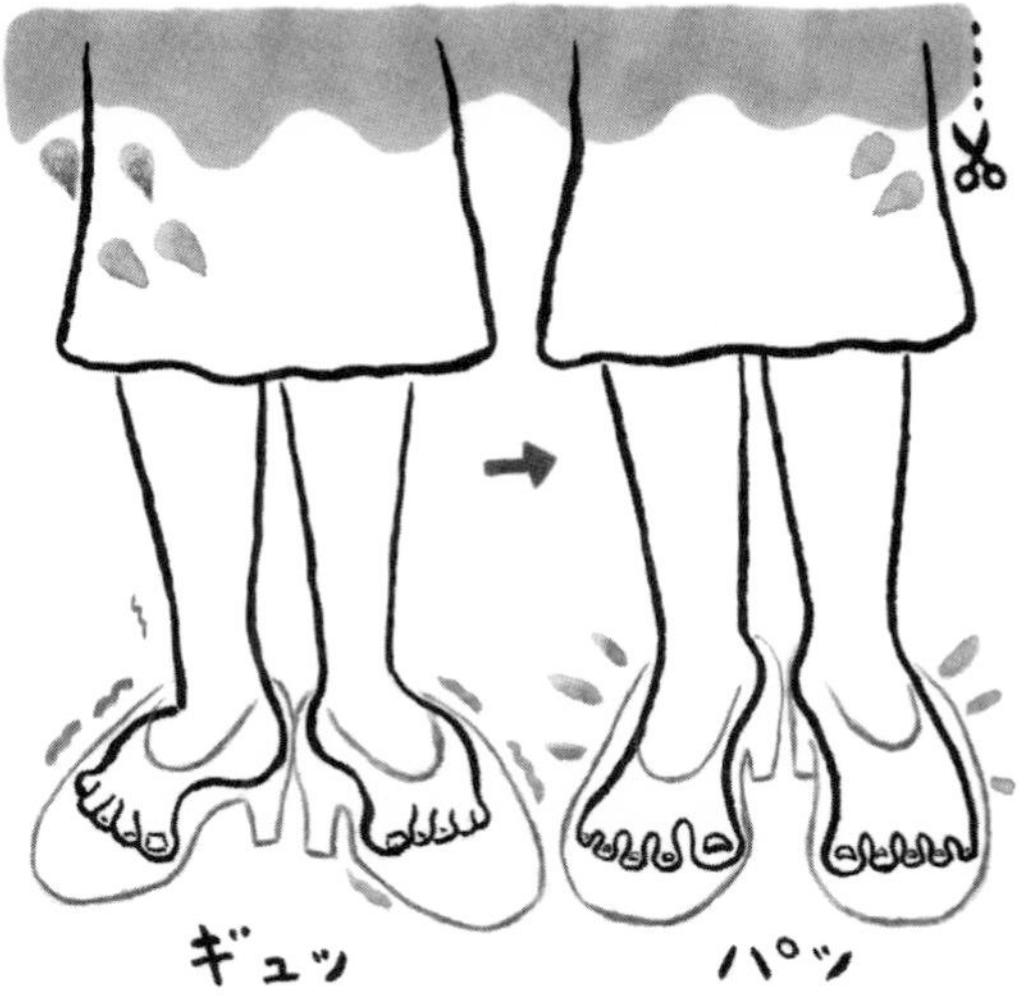

んに突然電話がかかってきたり、不意の来客があったりして、その会議はそのまま終わってしまったということが何度か続いたのです。いろいろなケースで試してみたところ、しょっちゅうやっているとどうも効果が弱くなるようで、ここぞというときに行うと、効果がてきめんに現れます。

とくに、相手との会話がつらくなってきたときに試してみてください。

人の行動を変えて、場の空気を一新したいときにおすすめの方法です。

✿親しい間柄のトラブルを解消する方法

普段から付き合いのある人たちとの関係が、なんとなくギクシャクしてしまうときがあります。毎日のように顔を付き合わせる間柄ですから、ちょっとしたトラブルでもモヤモヤした気分を引きずるのはイヤなものです。

これは家族同士や親子、会社の上司や部下、同僚など避けられない関係のあいだで起きているトラブルを解消するための方法です。

家で普段使いにしている包丁を用います。

一般的に包丁は台所にある包丁立てに立ててあるものですが、このいつも使っている包丁を、赤い紙で丁寧に包んでしまっておくのです。

赤い紙は100均ショップなどで売っている紙でOKです。

包丁の刃がちょうど収まるように袋状に紙を折ってテープで貼り、そこに包丁を収めて置いておくだけです。

赤色は気力や生命力を象徴する色と言われ、情熱的、元気が出る、前向きな気持ちにさせる、食欲増進、暖かさを感じるなどポジティブなイメージの強い色です。

これに加えて赤色には、私は「魔を切る」力もあると感じています。以前、子どもと親子喧嘩をしているときに、使い終わった包丁を赤い紙に包んでしまっておいたところ、喧嘩がなくなり、食卓が明るくなったことがありました。これは包丁の秘めた力と赤色の特性が合わさって発揮された効果で、親子間に忍び寄ってきた魔を切ってくれたのだと感じたのを覚えています。

この包丁を赤い紙で包む方法は、悪縁を切るのにも利用できます。いつも使っている包丁を使い終わったあとに、汚れや水気をきれいにぬぐい、縁を切りたい相手を想定しながら「縁を切ってください」と言い、赤い紙に丁寧に収めるのです。

包丁は、丁寧に扱われていることに恩義を感じ、赤い紙の力を利用して、あなたが望む悪縁切りの願いをきっと叶えてくれることでしょう。

いつも使っている包丁を赤い紙に包んでしまう

✿見えないはずのものを見てしまったとき

私はご先祖さまの祟りとか地縛霊などを気にしたことはありませんが、全国いろいろなところに行ってホテルなどに宿泊すると、見えないはずの人がそこにいることがわかってしまう場合があります。

そういうときは怖がってはいけません。

「あんたも大変やなあ、同じ格好で、同じ姿勢でズーッといるの。しんどいやろ、元気出しや！」

と言ってあげたりします。それで自分で言っておきながら、死んでいる人に元気出せはないかと突っ込んだりしているんです。

いつもお目にかかっている不思議な世界の方々は、気が明るく陽気な方たち。ところが、そういうところで会う人たちは気が暗いから、少しでも陽気にしてあげようと思って声をかけるのですが、向こうから話しかけてくることはまずありません。暗い雰囲気でじっとしています。だからこちらから明るく対応してしまうのです。

「せっかく会ったんだから、私をいい方向に導いて！」

と言ったりします。なぜなら、私の知っている世界ではない人に会うことなど滅多にないのだから、それはラッキーだと思うのです。お願いしたら叶えてくれるんじゃないかと思ったのです。

私が特別に変わっているわけではないですよ。なににつけても楽しんでいたいと思っているだけですから、そういうことに遭遇しても怖がらない。珍しいものを見たのですから、ちょっとしたお願いをする。おかしいですか？

そして最後には、「あなたに会えて良かった」と伝え、「もう寝るから、あなたも帰りなさい」と言って寝ることにしています。

それで金縛りに遭ったこともないですし、悪いことが起きたこともないですから安心してください。逆に、お願いした翌日にラッキーなことがあったほうが多いくらいです。この対処法、ぜひ覚えておいてください。

霊の存在にことさら怯えない

第2章

「感」が鈍っているとき

◉「人生をやり直したい」は危険な徴候

私は相談者からさまざまなお話を聞く機会があるのですが、最近感じているのは、30代から40代で職を変えようとしている人が多いということです。

なぜこんな時代なのに？　と思います。

次の仕事を探すのはとても大変なはずです。

「どうして、それほどまでにして職を変えたいのだろう？」

お話をしているうちにだんだんわかってきました。

皆さん、人生をやり直したいんです。

学校を出て、なんとなく会社に入って、仕事をして、なんとなく暮らしていると、ある時ふっと思い浮かぶようです。

「こんな人生で良かったんだろうか……」

それが、30代から40代にかけてなのです。

職を変える理由は、職場での人間関係がとか、給与面がとか、皆さんおっしゃいますが、それは建前。本音は、自分の人生をやり直したがっているのです。

40代がギリギリ。50代になると諦めるみたいです。

しかし、仕事を辞めたい、人生をやり直したいと思っている人。気を付けてください。間違いなくいま、あなたの「感」は鈍っています。

だって「感」が冴えて状態がいいときに、仕事を辞めたいとか、人生をやり直したいとか、そんなこと思うはずがないでしょう。

「感」が鈍くなり、自分の状況が芳しくないから人生を変えたくなっているのですが、そんなときに動くと、さらに状況は悪くなってしまいます。

皆さん、そのことに気が付いてください。

◉〝暇つぶし〟で生きていてはいけない

人は35歳くらいになると「自分の人生は、こんなものなのかなあ」と思い始めます。ちょうどそのころは、順風満帆の人生を歩んでいる人もいれば、仕事にしても恋にしても、思うようにいかないことや、うまくいかないことが多くなってくる人も増える時期なのです。

「良くないことも含めて、これが自分の人生なのかなあ」と諦めの思いが出てきてしまうと、だんだん生きる意味がわからなくなってきます。

そして、そういう人は、生きている時間を〝暇つぶし〟で過ごすようになっていきます。

仕事も暇つぶし。恋も暇つぶし。

ただ漫然と時間が過ぎるのを待っているだけ。そこには喜びも悲しみもありません。意識のない時間があるだけです。

当然、意識のない時間には、「感」は働きません。

◉生きていくには「感」の助けが必要

以前、戦争を経験し、大陸から引き揚げてきた人に聞いたことがあります。

戦争は終わったけれど、本土に帰れるか帰れないかわからない状況のなかで、人は生きる意欲をなくしたときに、人生の終焉を迎えるのだそうです。

生き抜いてきた人は、絶対に生きるという強い意志があった人と、生きることで人の役に立てると感じていた人だったそうです。

さらに、なにかを選択しなければならないときに、少しでも生き抜ける可能性の高い道を選んでこられた人たち。

逆に、自分のことだけを考えていた人は、寒さ、痛さ、つらさに耐えられずに死んでいったそうです。

究極の状態のなかで生きていくには、「感」の助けが必要です。

その「感」を働かせるには、まず意識のある時間を取り戻すことが大事です。

自分のためでも人のためでも、自分のできることはなにか、自分のやりたいことはなにか、人に対してしてあげられることはなにかを振り返ってみてください。

なんらかの思いが心のなかに募り、それによって意識のある時間が増えてきたら、きっと「感」も働き始めます。「感」が働き始めたと感じたら、次はその「感」を信じて行動に移すだけです。届いた「感」を信じて行動する。それを繰り返して、あとは好転するのを待つばかりです。

気分が落ち込んでいるときはどうしても、「もうだめかもしれない」「私はこんなものかも」といった諦めが心に宿ってしまいます。まずは、それらを排除すること。その方法をご紹介します。

✿「感」を磨くときに使ってはダメな言葉

なかなか思うようにいかないときは、だれにでもあります。そういうときに、もがき苦しんで抜け出せないでいる人は、ほとんどが次のタイプの人たちです。

「アイツがいるから僕はこうなった」、あるいは「世間が悪いから私はこうなった」と人のせいにするタイプと、「悪いのはすべて自分だ」というタイプ。それと、その人はいたって真面目な人で、しかしなぜか行くところ行くところ会社が潰れてしまうというタイプの人です。

相手が悪いと思っている人と自分が悪いと思っている人とは、実はそれほど違いはなく、周りから攻撃されている、あるいはいじめられている、プレッシャーをかけられていることに対して、自分が思うようにならないことに苛立ちを感じています。

そういう人は自分の意志をはっきり明示しないために、そのような状況を呼び込んでしまっているのです。

そして、どのタイプもそのような状態が続くと、口にする言葉があります。

「どうせ私なんか」

「どうせ俺なんか」

　この言葉、「感」が鈍ってきているときに、さらに状況を悪化させる最悪の言葉です。この言葉を口に出さないようにしましょうと言うのは簡単なのですが、なかなか無理、ついつい発してしまいます。

　もし言ってしまったときには、

「いまの言葉はなしです！」

「いまのは取り消します！」

と、はっきりと口に出しましょう。

　取り消すたびに、「私なんか」とどれだけ使っていたか認識することができます。そして、認識できれば減らしていくことが可能になります。

　この最悪の言葉を使うことが減っていけば、おのずと状況は良くなります。

「どうせ私なんか」と言ってしまったら、「いまの言葉はなしです!」と取り消す

✿寝る前にする3つの誓い

なかなか調子が上がらない、思うように事が運ばない、悩み事が頭から離れない。これはまさに、「感」が鈍っている状態です。

そんなとき、頭のなかは堂々巡りで考えが整理できず、なにも決定できない状態になっています。

「どうしよう」「あれをやっておけば」「こうしたらいいだろうか」「あの子のことが心配」「将来は大丈夫だろうか」「悪いことが起きないだろうか」「彼は本当に思ってくれているのか」「この前は好きだと言ってくれた」「でも今日は早く帰ってしまった」

出口の見えない迷宮をグルグル回っているような状態なのです。

こういったときに効果のある、寝る前にする3つの誓いがあります。

寝る前に明日必ず行うことを3つ挙げるのです。

ひとつは、「絶対にやらなければいけないこと」、あるいは「絶対に決断しなければならないこと」。あとのふたつは、自分がリラックスできること、自分が楽しんでできること、自分へのご褒美などにします。

ポイントは、絶対にやること、決断することをひとつにして、自分の心が楽になれることをふたつにするのです。

例えば、ひとつは「苦手な得意先に営業に行く」、それと「同期と酒を飲みに行く」「マッサージに行く」でもいいでしょう。妻子ある人とのラブで悩んでいる人は、「明日別れる」と「ネイルサロンに行く」「たくさん眠る」でいいのです。

寝る前に誓うことで、翌朝起きたときから〝絶対にやる、決心する〟誓いへの意識が立ち上がります。意識する時間が長くなればなるほど、「感」は働きやすくなりますから、誓いに対しての「感」からのアドバイスが受けやすくなります。

「感」が働いたときには、自分の「感」を信じて行動しましょう。

そして、自分を信じたことに対して褒めてあげましょう。

3つのうち、ひとつは苦手なことをやり、あとのふたつは自分へのご褒美にする

✿寝るときにはそれ専用の服装が必要

疲れ果てて家に帰り、ジャケットを脱いでそのままベッドや布団に倒れ込んで寝てしまう。そういう人が意外と多いかもしれません。

とくに若い男性。絶対にしてはいけません！　出世しません‼

自分の思った方向に進むことができなくなります。

女性の場合は服装はもちろんですが、メイクを落とさないまま寝てしまうのは厳禁です。お肌にも良くありません。

なぜいけないのかというと、昼と夜の切り替えをしていないからです。

昼は太陽のエネルギーを受けて活動しています。「感」もそのエネルギーにより、旺盛に働いています。

ところが夜は一転します。太陽のエネルギーの届かない世界。昼間の「感」も働かなくなります。

ですから、それに合わせて自分も切り替えなければなりません。

切り替えのポイントは、服装です。

寝るときは必ず着替えて、昼と夜の区別をつける

寝るときにはパジャマに着替えるか、寝るとき専用のTシャツに着替えます。夜には、〝夜の魔〟が存在します。

なにも意識しないで眠ってしまうと、その魔に取り込まれることもあります。魔を入り込ませないようにするには、寝るときに、心に「これから寝る」という意識を送り込んでから布団に入るようにします。そのための方法が、夜寝るとき用の服に替えることなのです。

寝ているときには「感」が働かないと書きましたが、私、阪神・淡路大震災のとき関西にいて、なぜか朝の4時に目が覚めました（地震は朝5時46分に発生しました）。これは、いつも働いてくれている「感」が、寝ている状態からいつもの状態へ切り替えて、知らせてくれたのだと思っています。

「感」を開発しておくと、このようなことが頻繁に起こるようになります。

✿寝ているあいだに運気を上げる方法

寝るときに私がやっていることを、もう少しご紹介します。

私は、睡眠というのは意識をなくしている状態のことを言うのだと思っています。意識を喪失しているあいだに肉体や脳は休息し、疲労を回復するのですが、どうせ意識をなくすのなら、いいなくし方をしたほうがいいと思いませんか。

いい睡眠がとれると、翌朝起きたら前の日のイヤなことを忘れていたとか、考え続けていた問題の答えが浮かんだという話をよく聞きます。これは、睡眠しているあいだに脳や体を休ませるだけでなく、悩みや課題、考えていることや思い続けていることを解決するための調整が行われているからだと思います。

だとしたら、寝ている時間を〝生きるための道具〟としてもっと活用しなければ、もったいないと思うのです。

だから、睡眠ということに対して真摯に対応しようと、毎日きちっと畳んだ折り目の付いたパジャマを着るようにしています。もちろん、毎日洗いたてのものです。

なぜそこまでこだわるかというと、寝るときにこれから寝るという意識を高めるためです。こうすることで、寝ているときに行われる調整作業も活性化されます。

パジャマを持っていない人は、Tシャツでもいいのですが、脱いだままのシャツを着るのではなく、洗濯をしてきちんと畳んだシャツを着るようにしましょう。そうすることで切り替えができ、さらに寝ているあいだに起きる調整作業を気持ち良く効率的に受けることができるようになります。

寝るときは、きちっと折り畳んだパジャマを着て、下着をつけない

そして、もうひとつ大切なことは下着をつけないことです。

男性も女性も、生物にとって最も重要な生殖器を、寝ているあいだに締め付けてはいけません。寝ているあいだに回っている「気」の流れを、滞らせてしまいます。

できれば素っ裸がいいのですが、急な事故が起きたときなどに、外に飛び出せないのも困ります。パジャマを着て、下着をつけないで寝ることをおすすめします。

ネグリジェは、下着をつけないと落ち着かないので、あまりおすすめできません。

✿朝スッキリと目覚めるために

寝るまでの準備のお話をしてきましたが、寝るときのアドバイスをもうひとつ挙げておきます。

おすすめしたいのが、「北枕で寝る」ことです。

皆さんご存じのように、北枕は亡くなった人を寝かせる仏教の風習です。死にまつわることゆえに縁起が悪いと思われがちですが、北枕には、いろいろな謂《い》われがあります。

仏教の世界では、お釈迦様が入滅する際に「頭北面西」で横になられたと言われています。頭が北向きで、顔が西を向いていたということです。これは、心臓への負担が和らげられる体勢だということです。

また、亡くなった人を北枕に寝せるのは、肉体から魂を抜くのに適しているからと信じられていました。

中国では食中毒を起こした際に、北枕にすると毒素が抜けると伝えられていたこともあったようです。

北枕で寝る

北枕で寝ることは肉体を休ませ魂にもやさしく、いらないものを排出してくれるいい寝方だと思っています。

私は以前、西枕で寝ていました。もちろんいまは北枕です。いまでは、朝起きたときに体と心がゆったりして目覚めるようになりました。

毎日、北枕で寝るのはちょっと……と思ったら、心身が疲れているときに一度、試してみてください。

イヤな気分が抜け、心も体もスッキリするのを実感できるでしょう。

✿起きたときに感じた不安はすぐに解消する

寝る前に3つの誓いをして、洗いたてのパジャマに下着をつけずに身を包み、北枕で寝て、朝起きたとします。

それでもなんとなくスッキリしない感じが残っているときは、次の方法を試してみてください。

ベッドや布団から起き出す、最初の一歩をいつもと違う足にするという方法です。人には、体に染みついている癖があります。意識しなければ、癖に従って最も動きやすいように体は勝手に反応して動きます。

とくに日常の行動は、無意識のうちに体が動いているときのほうが多いものなのです。

しかし、思い出してください。「感」を働かせるために大切なのは、意識している時間、自覚のある時間をいかに多く持つかなのです。

無意識に行動しているときは、「感」は働きづらいものです。逆に「感」に働いてもらいたいときは、意識する時間を作り出せばいいということになります。

起き出す最初の一歩を、いつもと違う足にする

朝起きて、まだ目覚めきっていない状態のとき、ひと呼吸おいて覚醒してくるのを待ち、布団から立ち上がる足、ベッドから下りる足を意識してください。

いつもと違う足で第一歩を踏み出すことで、イヤな感じの流れを変えることができます。

朝の最初の一歩を変えることで、一日の流れをすべて変えることができます。

いい流れが来ているときは、あえて同じ足から第一歩を踏み出すことで、流れに拍車をかけることもできます。

その際も、無意識のうちに足を下ろすのではなく、意識していつもと同じ足で第一歩を踏み出すようにしてください。

これは、起きがけだけでなく、出かける際の玄関から踏み出す第一歩目とか、会社に入る第一歩目などにも応用することができます。

✿福をもたらす神様を招く方法

家から第一歩を踏み出すのは玄関ですが、あなたの家の玄関は清潔ですか?すべては玄関を通って家のなかに入ってきます。ですから、玄関は常にきれいにしておかなければいけません。

家庭内でうまくいかないことがあったり、トラブル続きだったりするときは、たいてい玄関の空気が淀んでいます。

淀みを感じたら、玄関の扉を開け放して、空気を入れ換えるようにしましょう。ホコリも掃き出し、タタキを水拭きすれば、玄関の気が変わるのがわかるはずです。

そして、なによりも気を付けてほしいのは、玄関のタタキに住んでいる人の数以上の靴を置きっ放しにしないということです。4人家族なら最大でも4足まで、ふたりで住んでいるなら2足まで、ひとり暮らしは1足だけが原則です。

もちろん、1足も置かない状態がベスト。靴はすべて、靴箱に入れておきましょう。

家の造りの都合で靴箱が置けないケースもありますよね。そういった場合は、タタキに置けるブロックと板を買ってきて棚を作り、その上に置けばOKです。

玄関のタタキに靴やものを置きっ放しにしない

100均ショップで売っているようなものでいいので、作ってみてください。要はタタキに靴を置いたままにしなければいいということです。

福をもたらす神様が玄関から入ろうとすると、たくさん靴がある。それを見て、こんなに大勢の人がいて賑やかなら、十分に楽しそうだから、この家はいいだろうと帰ってしまわれるのだそうです。

とくに福をもたらす神様は、その傾向が強いそうなので気をつけましょう。

✿お弁当はパックからそのまま食べない

ひとり暮らしをしていて、「今日は忙しかったから、コンビニのお弁当にしよう」と、ついついお弁当やお惣菜を買って帰り、それで晩ご飯を済ませてしまうことってありますよね。そのとき皆さんは、パックからそのままいただいていますか？

疲れていて、帰宅してからお料理するのも大変なとき、出来合いのものを利用するのは悪いことではありません。でも、そんなときほど自分を大切にしてほしいのです。例えば、お皿に盛り付け直すとか、箸置きを使うとか、ランチョンマットを敷くとか……。なにかひと手間をかけてほしいのです。

食事にひと手間かけることは、食べる人を大切に思う気持ちの表れです。料理を作ってあげるのは、まさにそうでしょう。たとえひとりの食事でも、「面倒だからいいや」と、お弁当やお惣菜をパックからそのまま食べるのではなく、盛り付け直すとか、わざわざ箸置きを使うとか、そういうひと手間をかけてほしいのです。

なぜかというと、そのままいただくのは、自分を大切にしていないことの証になってしまうから。自分自身をぞんざいに扱っていては、自分がかわいそうです。

食事のときには箸置きを使うなど、ひと手間をかける

ひと手間をかけることにより、自分のなかのもうひとりの自分が、「大切に思われている」と喜ぶようになります。そこが大事なのです。

続けていれば、いつかイキイキとした本来の自分を取り戻すことができ、やがて「感」を取り戻すことに繋がるでしょう。

箸置きひとつでいいのです。もちろん家族のある人も一緒です。相手を思う気持ちを大切に、食事にはひと手間をかけるように心がけましょう。

✿食事の際に「感」を磨く簡単な方法

最近、折り紙の鶴を折りましたか？

折り鶴とは、折っている鶴にその人の願いが込められたもので、千羽集めた「千羽鶴」は、勝負事の勝利を祈願したり、病気快癒《かいゆ》を祈ったりして贈られることで知られています。

ここでご紹介するのは、この折り鶴を箸置きに利用する方法です。

人の願いを込めやすい折り鶴に、あなたの思いを込めて、ひとりで食事をするときは自分の箸置きとして、一緒に食事をするときはふたりの箸置きとして使用します。

私は、この折り鶴には〝健康〟と〝食事を楽しむ〟という気持ちが込めやすいと感じています。家族や好きな人が健康でいられるように、またその日の食事が楽しいものとなるように、思いを込めて鶴を折り、使ってみてください。

そしてもうひとつのポイントは、箸置きとした折り鶴は捨てないでとっておくことです。一年分が貯まったらひとまとめにして、私は初詣のときに神社に納めます。

あなたの思いが込められた折り鶴は、一年間、思いを叶えるために働き続けてくれたもの。もし、神社に行けない人は目一杯の感謝の気持ちを込めて、白い紙に包んで捨てるようにしてください。

もうひとつご紹介します。これは私のオリジナル、「ねじりん棒箸置き」です。紙をねじって箸置きにするだけなのですが、これは、イヤなことがあったときや心がスッキリしないまま食事をしなければならないときにおすすめです。

仕事でイヤなことがあった、彼氏と喧嘩した、子どもが言うこと聞かない……、そんなスッキリしない状態のときに、ねじりん棒箸置きを使います。

食事中ずっとねじりん棒箸置きは、あなたのねじれた心を元に戻す働きをしてくれます。

ねじりん棒箸置きは、食事が終わったらエイヤーッとばかり捨ててしまいましょう。ムシャクシャするときは、これでスッキリすることができますよ。

折り鶴を箸置きに使って健康を祈り、ねじりん棒でねじれた心を元に戻す

✿反省をしないで「感」を取り戻す

ちょっと意外に思われるかもしれない「感」の開発法をふたつご紹介します。

ひとつ目は、「反省をしない」ということです。

「えっ？　反省をしなければ同じことを繰り返して、また失敗してしまうのでは？」と思われる人も多いことでしょう。

私はいままで、反省が後悔に繋がり、後悔だけが残ってしまう人をたくさん見てきました。

「あのときこうしておけばよかった」

「あんなことしてしまったからダメになったんだ」

ほら、こういったことを言う人って、後悔のサイクルに陥ってしまっていて、同じことを繰り返しそうではありませんか？

1カ月前のことをいまでもまだ反省しているのは、1カ月前に戻って生きていることと同じです。それでは、いまが見えなくなってしまいます。

この負のサイクルから抜け出すためには、思い切って反省するのをやめてしまうのです。反省せずに、「もう反省やめた！」と手放してしまいます。

そうすることでひと区切りがついて、次に進めるようになります。

「反省しています」と言っているうちは、「感」も今日はお休みと言っていますよ。

そしてもうひとつ。

「鬱陶《うっとう》しい人の言葉に耳を傾ける」

なぜだか苦手な人って必ず近くにいるものです。そういう人に限って、耳障りなことをよく言います。

ところが、そういう人が言ってほしくないタイミングで放つ言葉には、時に核心を突いていることがあります。これには耳を傾けるべきです。

「感」を働かせるサポートは、意外なところから来ることもあります。

苦手なのに側にいること自体、きっとなんらかの縁があるということなのです。

反省をしないで、「反省やめた！」と手放す
近くにいる苦手な人の言葉に耳を傾ける

✿ついてないときのリズム回復法

ついてないなあと感じるときは、だれにでもあります。

とくに悩み事が頭から離れなかったり、腹が立つことが忘れられなかったりする状態のときは厄介で、ツキを感じられないばかりか、「感」の働きまでが鈍くなってきてしまいます。

なんとかリズムを取り戻そうとしても、心に悩みや怒りなどのわだかまりがあると、そこに負のエネルギーがまとわりついてしまい、とても難しいのです。

そういった状況を一瞬にして振り払い、リズムを取り戻す方法があります。

袋に悩み事や腹の立つことを声にして吐き出して、袋ごと捨ててしまうというやり方です。袋はコンビニやスーパーのレジ袋でも紙袋でもなんでもＯＫ。どちらかというと、立派過ぎない袋のほうがいいようです。

その袋のなかに、いまあなたに憑《つ》いてまわっている〝悩み〟〝怒り〟〝不安〟といったものを吐き出してしまうのです。

捨て去ることにより、リズムを変えることができます。

「負けるもんかぁー」

「バッカヤロー‼」

「イヤな思いよ飛んで行け！」

具体的な事象を捨てるというよりも、あなたにまとわりついている〝負のエネルギー〟を、あなたから引きはがして、捨てるというイメージです。

吐き出したら、袋の口はギュッと縛らなくても大丈夫。袋が破れていても構いません。どうせ捨ててしまうのですから。それをゴミ箱に捨てるだけです。

私がこの方法をお伝えした人のなかには、ゴミ箱に向かって直接、「お前はゴミだ～！」と言い放った人がいました。ゴミに向かって、ゴミとはまさに！　これでもOKです。

照子流「〝プチ〟王様の耳はロバの耳」、お試しあれ。

ゴミ袋に向かってイヤなことを吐き出し、ゴミ箱に捨てる

第3章

ラブの「感」を開く

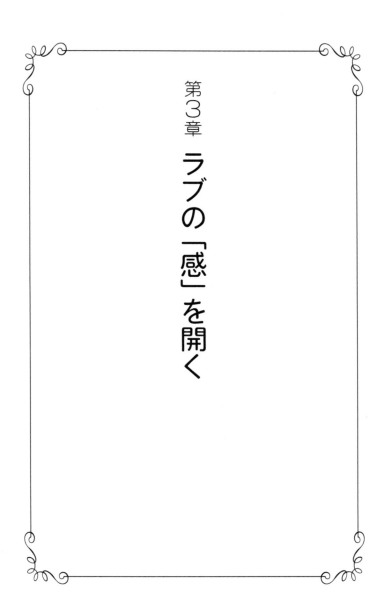

◉恋の悩みよりも多い性の悩み

相談者のなかにラブの悩みを抱える人がたくさんいます。思いを寄せる人となかなか一緒になれない悩みや、長年連れ添った夫婦のセックスレスの問題、いけない恋と思っていても離れられない関係などなど、年齢も悩みの種類もさまざまです。

そのなかでも皆さんに共通しているのは、性に関する悩みです。

この悩み、時には家庭の悩みに隠れていたり、仕事の悩みに隠れていたりするために、自分でもあまり自覚していないことがあるという特徴を持っています。悩み自体を自覚できていないために「感」も働かず、人にも言えないことから、堂々巡りの負のスパイラルに陥り、簡単には抜け出せなくなってしまうやっかいな悩みです。

例えば、妻子ある男の人を好きになってしまった女性とお話したときのことです。その女性は、ふっと気が付くとその男性のことばかりを考えているというのです。

「いまなにしているだろう」「いつ会えるかなあ」「この前はこんなこと言ってくれた。こんなことしてくれた」「今度会ったらこれをしよう」「いまは家にいるのかな」……。

一日中この繰り返し。これは抜け出せない典型的なパターンです。

私はこのような女性によく聞きます。

「どこが好きなの？」

この問いに、すぐに答えられる人は意外と少ないのです。男女の関係になる前なら、好きなところはすぐに言えたはずなのですが、言えなくなっています。大切なはずの本質の部分が見えていないのです。

「感」を働かせるには、自覚した時間を持つことです。自分が見えていない状態では「感」も働きません。

そのままの状況は、決して望ましいものではありません。少しでも早く「感」を取り戻して、楽しい時間を持てるようになってほしいと心から思います。

◉セックスレスは年齢に関係ない

男性週刊誌に、「死ぬまでセックス」などという記事が氾濫していたことがありました。新聞に載っている広告の文言を見て、「あらまっ！」と思ってしまったのは私だけでしょうか。壮年になってのセックスをあえて記事にするほどのことなのかなと思いますが、実際に年配の相談者のなかにも、セックスレスの悩みを持つ人はいます。

夫婦がセックスレスになるきっかけはいろいろあると思いますが、何十年も連れ添ってきて、お互いに「いまさら」という夫婦も多いのではないでしょうか。

でも、セックスって年齢は関係ないものでしょう。壮年と言われようと老人と言われようと、本人たちが元気であればいつまでも仲良くあり続けてほしいと思います。

先日、来られた熟年の夫婦で、奥さまが「また夫と仲良くしたいのだけど」という相談がありました。いろいろとお話をさせていただき、私の〝儀式〟をお教えしたのですが、数カ月後にお会いしましたら、それはもうおふたりともラブラブで、とてもお元気でした。

いくつになろうと、人生を楽しまれているおふたりには、「感」も旺盛に働くのだと思います。

◉〝いけない恋〟は「感」を働かせない

私は、決して不倫をおすすめしているわけではありません。でも、職場や街角で出会って好きになった相手がすでに結婚していた。それも仕方ないとは思います。

さまざまなケースがあって一括りにできないのが〝いけない恋〟をしている女性の悩みですが、たくさんの相談者のお話を聞いていると、本当のところは〝肌が合う〟ので離れられないというケースが多いようです。

それをいちばんわかっているのも自分でしょう。だからつらいんですよね。ひとりで過ごす日曜日。お正月や大型連休の寂しさ。彼が帰ったあとの空虚な時間と空間。ひとりになったときの心の隙間感《すきまかん》は耐えられないものでしょう。だからまた会って、再び肌を合わせてしまうのです。

この繰り返しにだんだん耐えられなくなってくると、「こんなに苦しいなら、いっそ死んでしまったほうが……」などと考えてしまいます。そうなるともう最悪。

こんなときには、「感」の働きの助けも得られませんから、解決方法が見えなくなっています。結論を出すのは自分ですが、本来の自分自身を見つめ直して、さらに相手のことも見つめて、なにが本当の幸せなのかを考えてみてください。

そのためにも、「感」を取り戻すことは重要です。

私が知っている「感」の取り戻し方、磨き方をお教えしますので、試してみてください。自らの進むべき道がきっと見えてきます。

✿「不倫」の悩みから解放されたい

妻子ある人との恋が〝いけない恋〟なのではありません。それよりも、自分が演出家になり、いろいろと想像をしてご自分を苦しめるのが〝いけない恋〟なのです。

このような悩みを抱えている人に対して、「不倫はいけない」などと言っても、解決の糸口は見つかりません。

私は、すべての女性がきれいで可愛らしく、イキイキとしていてほしい。だから、〝いけない恋〟に悩んでいる女性には、その恋は「エステ」なんだよと言ってあげることにしています。

なぜ、エステ？

だって、ラブすることで、その女性はきれいになるわけでしょう。

オシャレをして髪も整え、お肌も日頃からケアして、相手に素敵だと思われたいから、きれいになって会い、そして肌を合わせるわけです。

それは本来、女性としてとても素敵なことだと思いませんか。

だから、女性が美しくあるために行うセックスは、まさに「エステ」なのです。

「セックス」を「エステ」と言い換える

「セックスはエステ」とお伝えした女性たちは、なぜかセックスを「エステ」と言っているうちに、不倫がバカらしくなってくるようです。

本来の自分の美しさに気づくからでしょうか。もっと自分は輝ける。そのためにはいまのままではダメだと思うのでしょうか。

いずれにしても、セックスをエステと言い換えた女性たちは、みんなイキイキとして元気になっていきました。「感」も取り戻せたようです。

✿夫婦間のセックスレスを解消する①

相談者から家庭がうまくいっていないとか、夫婦のあいだに問題があるとか、長いことセックスレスで……といった悩みを打ち明けられることがあります。そういう相談者のお話を聞いていると、それぞれの皆さんの家の台所がどこも汚れているのが見えてきます。

食器がシンクに積み重なっていったり、三角コーナーに生ゴミがたくさん残っていたり、使ったフライパンがそのまま置かれていたり……。

家のなかの空間やそれぞれの部屋が心地よくないと、「感」も働きませんし愛情も育ちません。そして人間関係に滞《とどこお》りが出てきます。

台所に限らず、洗濯物をタンスにしまわずに出しっ放しにしていたり、あるいは洗濯すらせずに洗濯物を山のように積み上げていたり、床が見えないほどものを散らかしていたり、ホコリまみれだったり……。

「あとで片付けよう」と思った瞬間に、部屋は汚くなります。

「あとでやろう」＝「感が鈍る」と心得てください。

とくに台所は、口にする料理を作るところですから、台所が汚れていると家庭内の会話が弾まず、口論が起きやすくなり、その結果、夫婦の関係がぎくしゃくしてしまうのです。

部屋中を片付けるのがいちばんですが、夫婦の仲を良くしてセックスレスを解消したいと思ったら、まずは台所をきれいにすることから始めましょう。

台所を汚さない秘訣をお教えします。

「5分ルール」を自分で決めるのです。

食器を片付けるのは5分以内とし、食事のあとに洗って食器棚に片付けるまでを最優先に行うのです。これでシンクに食器が積み上がることはありません。

「あとでやろう」は厳禁！　台所がピカピカになると、なぜか会話もスムーズに進み、夫婦のあいだの距離も密接なものに戻ります。

洗い残しをなくし、台所をピカピカにきれいにする

✿夫婦間のセックスレスを解消する②

結婚して何十年も経つと、もはやセックスをしなくても過ごせる夫婦が多くなるのではないでしょうか。一瞬、あのころに戻りたいとお互いに思ったとしても、その気持ちが長続きしないために、タイミングを外してしまっていることもあるかと思います。

そういう夫婦に、よくこの言葉をお伝えしています。

「もう一度、恋をしてみませんか?」

私は、夫婦というのは何度でも恋をすべきだと思っています。

でも、ほとんどの人が、「なにをいまさら」「そんなことできっこない」などと言います。

相手のことはすでになにもかもわかっているかもしれませんが、愛し始めたころに戻って、もう一度相手のことを見直してほしいのです。男と女として。

とは言っても、なかなかきっかけが掴みづらいですよね。

そんなときにおすすめしているのが、家で「バー」や「スナック」などの飲み屋さんをやるという方法です。

いつもの空間に、いつもと違ったシチュエーションを作り、そこでお互いが男と女を演じてみるのです。

料理メニューを手描きにして、缶ビール500円とか値段をつけて、ちゃんとお金もいただきます。ただし、サービスもするのですよ。

お店をしている気分になれば、「今日もお仕事ご苦労さま」と、すんなり口に出せるでしょう。そこから、会話を広げていけばいいのです。

旦那さまだって、「オイ、ビール！」じゃなくて、「ビールください！」と口調も変わるかもしれません。

ちょっと、楽しそうではありませんか!?

そこできっかけを見つけて、再び恋に落ちてみてください。

もう一度恋をしましょう。家でバーをするなどの演出も効果的

✽夫婦間のセックスレスを解消する③

前ページの「家で飲み屋を演出する」まではできそうにない人に、おすすめの照子流「ラブの仕掛け」をお教えします。

夫婦間の距離が開いていってしまうひとつの要因に、子どもの存在があります。

家族での食事シーンを思い出してください。子どもが大きくなるに従い、おかずの量が旦那さまよりも子どものほうが多くなっていきませんでしたか？

昔は、家長《かちょう》の食卓はだれよりもおかずの量も品数も多く豪華だったはず。それが逆転してしまい、子どものおかずがいちばん豪華になってはいなかったですか？

旦那さまは、それほど気にしていなくても、潜在意識のなかでは〝世代交代〟であるとか、トップでなくなりつつあるという意識がすり込まれていくのです。

その意識を払拭し、家長として特別な存在なのだと思わせる方法があります。

食卓に並べるおかずの品数を、子どもよりも一品多くするのです。

海老フライを一本増やすだけ、小鉢をひとつ多くするだけでＯＫです。それで男のプライドが蘇り、雄としての本能も戻ってくるのです。

旦那さまのおかずを一品多くする
日常使いのものをペアで揃える

そしてもうひとつ。

日常使いのものを、こっそりとペアに変えておくというやり方です。

例えば、歯ブラシとかコップとか、スリッパやよく使うお皿などでもいいでしょう。決して高いものでなくていいのですが、毎日使うもののほうが効果があるようです。

この方法では、知らず知らずのうちにお揃いのものを使っているという共有感を無意識に植え付けられます。

この共有感が大切なのです。

✽この恋心を実らせたい！

なかなか実らない恋の悩みを解決するための「こっそり行う恋の儀式」をいくつかご紹介します。

ひとつ目は、植物の力を借りるやり方です。

地球ができて以来、人類や動物よりも先に地上に登場したのは植物です。二酸化炭素を吸収して酸素を出す植物は、私たちにとっては欠かせない存在。もちろん地球にとっても、植物と動物のどちらかしか存在しないというのは、あり得ないことです。お互いがバランスを取っている、共存共栄の関係と言えます。

部屋のなかに植物を置いている人は、たくさんいることと思います。私の住まいのベランダはいま、まるでお花畑のよう。さまざまな花が咲き乱れています。

この儀式は、鉢植えの植物を用いたものです。

準備するのは、できるだけ柔らかい紙とペンと、ハサミかカッターナイフだけです。

まず、紙を名刺大サイズにカットして、そこに願い事を書きます。

「○年○月までに、○○となりますように／名前」

鉢植えの植物の土のなかに願い事を書いた紙を埋める

いつまでに叶えてほしいという年月と具体的な願い事と、あなた自身の名前をフルネームで書き、この紙を鉢植えの土のなかに埋めます。

埋められた紙に書かれた願い事は、植物に水やりをするうちに植物があなたに現実化する気を与えてくれます。

あなたと一緒にいる時間が長い植物のほうが、願い事を叶えてくれる力は強いと思います。

これは恋だけでなく、さまざまな願い事におすすめです。

✿秘めた恋を成就させたい！

第2章でご紹介した箸置きを使った儀式のなかには、「恋の儀式」もあります。

結び文《ぶみ》というのをご存じですか？

日本では古くは艶書《えんしょ》とも言われ、恋慕の気持ちを書き送る手紙のことでした。いまでも神社などでおみくじを結んでおく、あの形がまさに結び文の形です。

その結び文を箸置きにして、食事のときに毎日使います。

紙には思いを遂げたい相手の名前と生年月日を書いて、折って結んで使います。

家では一般的な折り紙を、タテ半分のサイズにして使いましょう。なんでもない紙よりもかわいらしい紙のほうが、使っているあなたも楽しい気持ちになれますからおすすめです。

外食のときには、割り箸の箸袋などを利用しても構いません。

名前と生年月日を書くときは、人に見られないように気をつけてください。

箸置きとして使い終わったら、そのまま捨てたり、お店に置き忘れたりしないように注意しましょう。恋を捨てたり恋を忘れたりするのに通じないように。

相手の名前を書いた結び文を、箸置きとして毎日使う

いくつか貯まったころに、あなたの恋は成就していることでしょう。では、貯まった結び文をどうするか。

もし焼却できるようなら、全部燃やしてしまうのがベストです。燃やすところがないようでしたら、ひとつのビニール袋にまとめて入れて、「願いを叶えてくれてありがとう」の感謝の言葉とともに整理します。

捨てるという行為としては同じでも、「整理させてもらう」という気持ちがあれば、それでいいのです。

✿好きな人と縁を結びたい！

「運命の人とは、生まれながらにして赤い糸で結ばれている」

運命の赤い糸伝説は、日本や中国で生まれ、東南アジアにかけて広く伝えられています。

日本では神話の世界に登場し、人の娘と神を繋ぐ赤い糸の話が三輪山の神婚伝説として残っています。中国の赤い糸伝説は、足首と足首が赤い糸で結ばれている男女は夫婦になる運命にあるというものです。

日本ではよく、小指と小指が赤い糸で結ばれているという言い方をしますが、小指は本来「契り」を意味するために、そうなったのだと思われます。

さて、私が不思議な世界の方々に教えていただいた「赤い糸のおまじない」は、足の小指がポイントになります。

ちょうど日本と中国の伝説の両方の要素を含んだものになっています。

まず、好きな人との縁を結ぶために、和紙などの薄い紙に相手のフルネームを書いて、それをコヨリにします。紙は赤色でなくても大丈夫です。できたコヨリを自分の

赤い糸伝説を照子流にアレンジ。足の小指にコヨリを結ぶ

足の小指に結びます。結ぶ足は、あなたが女性なら左足、男性なら右足です。

結んだ当初は、違和感があることでしょう。これは、相手との縁がまだ繋がっていないことの象徴です。コミュニケーションがとれるようになってくると、だんだん違和感がなくなってきます。結んだコヨリは切れることもあります。そのときは、新しいコヨリを同じように結んでください。

その恋の成否の結果が出るのは、約2週間後です。

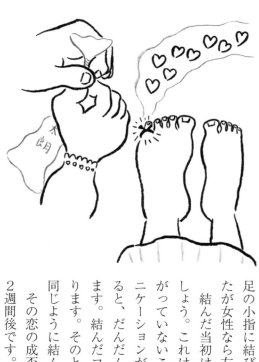

✿「私のそばにいてほしい」を叶える方法

これは、ほんの少し前の時代、いまよりも芸者さんなどが活躍していたころに、密かに人気のあった方法です。

愛する人には、いつも自分のそばにいてほしい。いまも昔もそれは変わりません。

しかし、その人には奥さんがいることがわかっている。自分は引き留められる立場ではない。そのときに、こんなことをしたのだそうです。

「旦那さんが悪いのんと違う。旦那さんを連れて行くあんたが悪いんや」と言って、〝悪いあんた〟にお灸を据えたのです。

その〝悪いあんた〟というのが、靴や下駄のこと。

愛する旦那さんは自分の意志で帰るのではなく、履き物が連れて帰ってしまうんだという、なんとも切ない女心……。粋な時代でしたね。

そのころの粋なヤキモチの妬《や》き方を、現代でも利用してみましょう。

早く帰ってきてほしい旦那さまに。いまお付き合いしている彼氏に。

こっそりと気づかれないように、靴の裏にお灸を据えましょう。

靴の底にお灸を据える

普段は帰りが遅い旦那さまが、早く帰宅してくれるようになったり、なかなか来てくれない彼氏が、よく訪れてくれるようになったりと、そんな効果が現れるかもしれません。

いまは昔ほど粋に妬くことができないから負の感情が積み重なって、陰湿な方向に進んでしまいがちになります。

少しのユーモアを持っていれば、「感」の働きも良くなることを忘れずに。お灸は、市販されている手軽なものでOKです。

第4章 家族・健康の「感」を開く

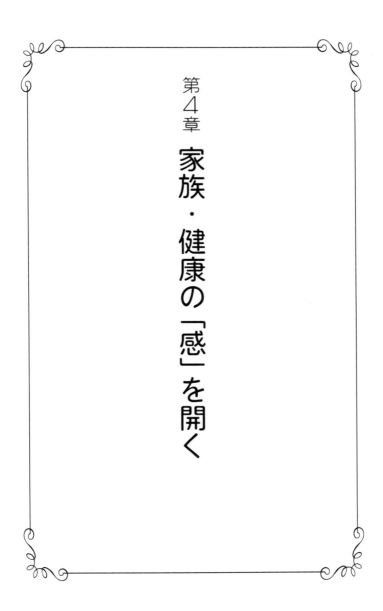

◉きれいになるのは幸せになるための手段

いくつになっても女性は、美しくありたいと願うものです。

ただ、若いうちは見た目の美しさを求めますが、歳を重ねるごとに真の美しさに近づきたいと思うようになってきます。私も歳を取ってきて、だんだんわかってきました。

真の美しさとはなんだろうと考えると、元気であることが美しさの根底にあるものだと気づきます。どんなに美しくても元気でいなければ、それは真実の美しさではないことがわかってきます。

だって、なぜきれいになりたいのかというと、愛する人に可愛がられたいとか、家族の自慢でありたいとか、きっと自分のことだけではないでしょう。

愛する人や家族との一緒の時間を、お互いよりよくするために、きれいでいたいと思うのです。

そう考えると、きれいになるということは、それが目的ではなく手段だということがわかります。幸せになるための手段なのです。

だから、きれいになることを最終目標にしないでください。

その先にある大切なことを、きちんと見据えてください。

それがわかれば、きっと「感」の助けもあって、表面だけでない美しさが得られるようになると思います。

肉体も心も健やかで、美しく輝いていれば、「感」も冴え渡り、あなたの人生の手助けをしてくれることでしょう。

ここでは、少しだけ美容・健康に関する〝儀式〟をご紹介します。この〝儀式〟をやるときは、楽しんでやることを忘れないでください。

楽しんでやっている限り、「感」のサポートも得られますので、あとはあなた自身の「感」を信じるだけです。

◉親の言葉で救われた子ども時代

親は、子どもの幸せを願うものです。子どもは、親子ともに生きているあいだに親の年齢を越えることはありません。そんな普遍的なものが、親子関係です。

私は、小さいころから親に「お前がいちばんかわいい」と言われて育てられてきましたが、「かわいい」という言葉の内側で、いつも心配してくれているのがわかっていました。とにかく、「いちばんかわいい」と言ってくれるのが嬉しかった。

いじめにもあったのですが、つらいと口に出してしまえば、親がもっとつらい気持ちになるのがわかっていたので、なにも言いませんでした。

いまの子どもたちも、きっと一緒なんじゃないかな。子どもは、親に心配をかけたくないと思っているのです。

だから親になったとき、子どもに対しては無条件で信用してあげました。そして、あなたはなにがあっても絶対に大丈夫と、心のなかでいつも子どもに暗示をかけるようにしてきました。

子どもは、きっとそれで救われるのだと思います。私がそうだったように。

親子の場合、言葉に出してしまうとなぜか反発してしまい、かえって伝わらないこともあります。不思議ですね。でも、それが親子なのです。

◉真実を教えてくれている「感」

ふと「ウチの子、なにか悪いことしているんじゃないだろうか」と心をよぎったとします。「いや、そんなことはない」と否定するでしょう。でも、そんなときの「感」はたいてい、当たっているものなのです。

「ウチの子に限って」という思いは、真実を見えなくしてしまいます。

思い込みが強いと、周りの子にそそのかされたに違いない、自分の子どもは悪くない、悪いのは周りにいる子どもたちだと……そうなってしまいます。

自分の「感」を信じられるならば、いち早く対策を講じることも可能ですが、人のせいにしていると対応が遅れることにもなりかねません。

「親が子どものことを信じなければ、だれが信じてあげるの？」というのもごもっとも。しかし、子どもが誤った道を歩もうとしているのを、正しく軌道修正してあげられるのも親なのです。

いつも真実が見えるように、親子関係の「感」は整えておきたいものです。

では、親の言うことはすべて正しいのかというと、これも難しい問題です。

親というのは、どうしても自分の考えが正しいと思い、それを子どもに押し付けがちです。しかし、親の判断がすべて正しいとは限りません。

親になったいま、自分が子どものころに親から押し付けられたことに反発していたことは、もう忘れてしまっています。

親子関係は時間が経つにつれて、人と人の付き合いに昇華《しょうか》されてきます。お互いが、人として尊重し合い、認め合える立場になればいいのですが、血の繋がりがあるゆえになかなか難しいこともあります。

でも、日頃から「感」を開発していれば、最もバランスのいいところがどこか、判断ができるようになります。

◎開いた子どもの「感」を大切に

東日本大震災後、頭が痛いとか揺れている感じがするとか、過剰なほどに反応する子どもが増えているそうです。

もし、そういう子どもがいたら、「揺れてないじゃない」とか「過敏になり過ぎ」などと言わないようにしてあげてください。

敏感な子どもたちは、「動物的感」が開き始めているのです。

ただ、敏感過ぎて過剰に反応しているだけなのです。それを、「いい加減にしなさい」などと否定して、せっかく開いた「感」を閉じさせないでください。

正しく「感」が働くようになるまで少し時間がかかるかもしれませんが、見守ってあげてください。

◉ご先祖さまは祟らない

相談者にご先祖さまの供養のことで悩んでいる人がおられます。

住んでいるところが狭いので仏壇が置けない。お墓が遠方なので、なかなかお墓参りに行けない。長男ではないので入るお墓がないなど、悩みはさまざまです。

一方で、最近悪いことが続いたのである人に見てもらったら、「先祖供養が足らないからだ」「何代前のご先祖さまが不満に思っている」と言われたのですが、どうしましょうというご相談もよくあります。

そういう人たちに、私はいつもこう言います。

「大切な子孫に、ご先祖さまが祟《たた》るわけがないでしょう！」

そう思いませんか？　よりによって、血縁を継承している大切な子孫を苦しめたり、貶《おとし》めたりするご先祖さまって、いると思いますか？

良くなるように導いてくれるのがご先祖さまで、バチを当てたり祟ったりするようなご先祖さまはいませんよ。

それに何代前のご先祖さまと言うけれど、何代前に何人のご先祖さまがいるかわかりますか？　ちょっと計算してみましょう。

子どもに対して親は父と母、ふたりいます。その親にも父と母がいます。ですから、２代前には２×２＝４人のご先祖さまがいます。３代前には、２×２×２＝８人のご先祖さま。大体、30歳で子どもを産んだとして（昔はもっと早かったでしょうけど）、千年で約30代遡ることになります。千年前というと平安時代です。計算してみましょう。30代ですから、２を30回かけます。答えは１０７３７４１８２４。10億７３７４万１８２４人です！

30代前のご先祖さまが10億人!?　そもそも、平安時代に日本の人口が10億人もいるわけがありません。日本の全人口よりもはるかに大きな数字になってしまいます。こう考えると、ご先祖さまの顔も見えてこなくなります。

私は、ご先祖さまはお顔を見たことのある人までと思っています。そうすると、だいたい祖父母まででしょうか。あっても、曾祖父母まで。２代前で４人、３代前で８

人です。そのくらいの人たちに見守っていただいているのが、ちょうどいいと思っています。

それならご先祖さまをお参りするときも、一人ひとりお顔を思い浮かべながらお参りすることができます。そのほうが供養にもなると思っています。

ご先祖さまが身近に感じられて、心がなごむことでしょう。

✿元気がなくパワーが落ちているとき

最近の若い女性たちは、小顔になるためにいろいろな努力をされているんですって？　私には小さな顔が美しさの基準なのかどうかはわかりませんが、この「元気を取り戻す」方法は、小顔エクササイズに効果あるかもしれませんよ。

これをよくやるのは、朝起きて体に元気がなく、力が漲《みなぎ》ってないと感じたときです。やり方は、歯磨きをしたあとにコップに水を満たして、顔を近づけて水に触れるように舌を出したり引っ込めたりします。そのときに、「レレレレレ……」と声を出すのです。舌の出し入れはできるだけ早く！　犬が水を飲むときに舌で舐めるようにするでしょ。あれに近いです。

水は飲まなくていいので、水につけたり出したりを何度も繰り返すのです。

恥ずかしい？

人に見られないようにやってください。

舌を動かす健康法は昔からあって、回したり、ねじったり、折り畳んだりといろいろなやり方があります。

コップに水を満たし、舌を水につけたり出したり。できるだけ早く「レレレレレ」と声に出して行う

脳に近いため、脳の活性化や認知症防止にも効果があると言われています。また、実際にやっていただくとわかるのですが、唾液の分泌が盛んになります。唾液には酵素が多く含まれ、消化吸収を助けるだけでなく、抗酸化作用により細菌感染から身を守れます。

小顔効果も折り紙付き。首回りのリンパや血液の流れが良くなるので、むくみが解消されるのでしょう。

一度、試してみてください。

✿睡眠は「感」の開発に非常に重要なもの

美容にも健康にも、なんといっても大切なのが睡眠です。

第2章でも寝る際のさまざまな方法をご紹介しましたが、「感」を取り戻すために睡眠はとても大事です。

睡眠は、さまざまなことをリセットするためのものです。肉体疲労や精神的ストレスの解消、無意識に繋がるなど、本来の自分を取り戻すための大切な時間です。ですから、その時間をいかに過ごすかが重要になります。

睡眠の際にリラックスして、いい「気」をたくさん取り入れることができる方法があります。アロマの効果は皆さんご存じかと思います。ラベンダーの香りが安眠をもたらすことは有名です。

私のおすすめは、枕にヒノキを忍ばせるという方法です。これで眠っているあいだのリセット効果は抜群に良くなります。

ヒノキは市販されているチップ状のものを入手してください。いまはインターネットなどでも販売しているので、簡単に手に入るはずです。

ヒノキには空気清浄作用もあると言われています。私、日本人にはヒノキがいちばん合っているのではないかと思っています。

さらに、そのヒノキのチップに願い事を書いておくと、一石二鳥の効果が望めます。

枕の下に願い事を書いた紙を敷くという、昔からあるやり方と同じです。

枕カバーの素材にこだわり、枕にはヒノキを忍ばせる

そして、せっかくの貴重な時間なので、美容効果も付け加えてみましょう。

枕カバーにどのような素材のものを使っていますか？

枕カバーは眠っているあいだ中、顔に触れているものです。起きているときに、そんなに長い時間、顔に触れているものってそうないでしょう。

だから枕カバーの素材には気を配ってほしいのです。シルク！　とまでは言いませんが、あなたが肌に触れて心地よいと感じる素材のものを選んでください。

そして、できれば毎日取り替えること。1週間同じでは、お肌がかわいそうです。

✿病気の人の痛みを和らげてあげたいとき

健康でいると健康を意識することはあまりありません。病気になって初めて健康のありがたさに気づくものです。だから家族や身内に病気の人がいると、心配事が絶えないのではないかと思います。

ただ、実は「心配」というのは、いちばんしてはいけないことなのです。

親は子どものことを心配しますよね。この子はいい学校に入れるだろうかとか、就職できるだろうか、結婚は……とか。

その心配はまだ来ていない何年か先のことに対して考えているわけです。〝いま〟のことではないのです。

その子のことを考えたり、気持ちを寄り添わせてあげなければいけないのは、いまなんです。まだ来ていない未来ではないのです。

まず、それを覚えておいてください。

そして同様の理由で、病気の人に対しても、「心配」や「大丈夫だろうか」という思いは、できるだけしないほうがいいのです。

苦しんでいる人には、痛みを和らげてあげる方法があります。

それは、親戚一同、友人一同、どこにいてもいいのですが、全員が同じ時刻に同じ願いを込めるというやり方です。

朝7時なら7時と時刻を決めて、「今日一日、痛みが和らぎますように」と、できるだけ多くの人が同時に、その病気の人を思って願うのです。

一人ひとりの思いは小さくとも、同じ時刻にたくさんの人が気持ちを同じにした思いは、大きく強くなり必ず届きます。

ただ、「病気が治りますように」という願いはいけません。

病気はお医者さんが治してくれるのでも周りが治すのでもない。自分で治すものなのです。ですから、その思いは届きません。

心配のエネルギーは、相手を元気にしてあげられないので要注意です。

同じ時刻にできるだけたくさんの人が、「痛みが和らぐように」と同じ思いで願う

✿気が付くと喧嘩をしている親子・夫婦に

子どもに対して心配はしてはいけないと書きましたが、お子さんや旦那さまを心配しているときの心のつぶやきを振り返ってみてください。

「ウチの子が心配で」とか、「あの人のことが……」と、名前を呼んでいないことが多くありませんか？

名前とはその人の魂を表すものだと言われています。

日本でも昔は、名前を知られると魂を操られたり、呪いをかけられたりする恐れがあったので、本名を知らせるのは本当に親しい一部の人だけだったそうです。

現代でお子さんや旦那さまに呪いをかけるようなことはないと思いますが、名前を呼ばないことで、その人が持っている「感」の活性化を鈍らせることがあります。

例えば、アキコさんという名前のお子さんに、子どものころから「アコちゃん、アコちゃん」と愛称で呼んでいたとします。すると、そのお子さんは「アコちゃん」という人格になってしまいます。

愛称には強い口調も続きやすく、「アコちゃん！　なにしてる‼」「アコちゃん、ダ

愛称ではなく、きちんと名前で呼ぶ

メじゃない！」となりがちです。

それをきちんと名前で呼ぶと、「アキコさん、どうしました？」とか「アキコちゃん、大丈夫？」など続く言葉が優しくなります。これなら本来の「感」も戻ってきます。

夫婦のあいだでも、「あんたって人は……」「お〜い、オマエ……」なんて会話をしていませんか？

大切な人の名前は、きちんと正しく呼ぶように心がけましょう。次第に喧嘩やトラブルが減っていきます。

✿御仏壇に毎日手を合わせていますか？

御仏壇がある家はいまどのくらいあるのでしょう？

マンション暮らしをしていたら、大きな御仏壇を置くことはできません。

それに、イマ風のお部屋にすんなりとけ込む御仏壇も、なかなかないかもしれません。

私の家にあった御仏壇も、よくある普通のものでした。

それを見て私、思ったんです。

「かわいくない！」

だから、カラフルに変身させてしまいました。

100均ショップに行って、フリフリのレースやピンクの布を買ってきて、御仏壇を大変身させてしまったのです。

おりんが置かれている紫色のりん布団も、赤色の布団にしました。それだけでも随分とかわいらしくなりました。

私は毎日お参りをしたかったんです。だから、毎日手を合わせるのが楽しくなるよ

御仏壇をカラフルに装飾し、楽しい気持ちで手を合わせる

うな御仏壇にしたかった。大成功でした。

この章の初めにも書きましたが、ご先祖さまが私たちを祟ったり、困らせたりすることなんてあり得ません、深いご縁で結ばれているのですから。

きっと、カラフルにした御仏壇を見て、「まったく、照子らしいな」と笑ってくれていると思います。

形式的に手を合わせるよりも、楽しい気持ちでお参りしたほうが、気持ちも届くものだと思います。

✿御仏壇がなくてもできるご先祖さま供養

ご先祖さまを供養する気持ちはあるけれど、御仏壇はないし、お墓は遠くにあるのでしょっちゅうお参りするのは無理。そういう人、意外と多いのではないでしょうか。私は形式よりも自分の気持ちを形にしたほうがご先祖さまにも通じるし、なによりも供養になると信じています。

そこから生まれた照子流「ご先祖さま御守り」があります。これはご先祖さま供養にもなり、あなたを守ってくれるものなので、ぜひ作ってみてください。

用意するのは厚紙と、いまでも会いたい大好きなご先祖さまの写真、そしてあなた自身と守ってほしい家族の写真、それに糊か両面テープです。

厚紙は半分に折り畳んで、普段バッグなどに入れて持ち歩きやすい大きさにカットし、きちんと半分になるように折り目をつけます。

半分に折った中面に写真を貼るのですが、左面にはご先祖さまの写真を、右面にはあなたとご先祖さまに守ってほしい家族の写真を貼ります。

ご先祖さまには戒名を、あなたと家族の写真には名前をフルネームで書きます。

オリジナル「ご先祖さま御守り」に毎日手を合わせる

ご先祖さまの写真がない場合は、戒名や生前の名前でもOKです。

この「ご先祖さま御守り」をバッグに入れて持ち歩き、家に帰ったらバッグから出して見えるところに立てかけ、話しかけます。これだけでスッキリ！

ご先祖さまの宗派はわからなくても大丈夫。違った宗派を一緒にしても、ご先祖さまは絶対に怒ったりしません。

そんなことを気にするよりも、毎日ともに過ごすことのほうが、ご先祖さまは喜んでくれます。

第5章

仕事の「感」を開く

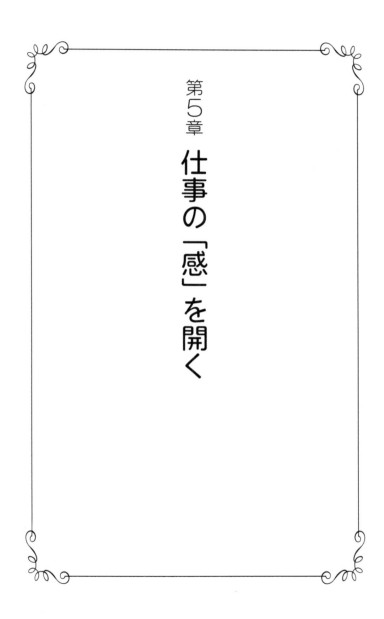

◉仕事は楽しいですか？

バリバリの若手営業パーソン、業務をサポートする事務職の人たち、管理業務の皆さん、経営者など立場が違えば課題や目標、日常業務の内容は大きく異なります。

でも、私が思う仕事に対するスタンスは共通しています。それは、「いまの仕事は楽しいですか？」というひと言に尽きます。

それぞれの人生で仕事に対してどう取り組むべきか、それを考えたときに私のなかで出てきた答えが、仕事が楽しいかどうかでした。

「楽しい」という感情も人によって異なるものなので、これが正解というひとつの答えがあるわけではありません。

とにかくお金を儲けることを楽しいと感じる人、アイデアを形にすることを楽しいと感じる人、人のサポートが楽しいと感じる人、多くの人を動かすことを楽しいと感じる人、ものを作ることが楽しいと感じる人、システムを構築するのが楽しいと感じる人、人が笑顔になってくれることが楽しいと感じる人……、仕事の種類が千差万別なように、人の「楽しい」も千差万別です。

いずれも楽しいと感じる仕事が、あなたに合っている仕事であることは間違いありません。

この章では、仕事をより楽しく感じられるようになる「感」の開発方法や、儀式をご紹介します。仕事だけで一冊の本ができてしまうくらい幅広いジャンルなのですが、身近で手軽にできる方法をいくつか選びました。

仕事が楽しいと感じることで、より「感」のサポートも得られるようになりますので、気軽に試してみてください。

◉苦手な人を愛称で呼んでみる

仕事ではさまざまなトラブルや困ったこと、イライラすることが次から次へとやってくるものです。

私が会社勤めをしていたころも、とにかく大変なことがたくさんありました。最後に勤めた会社には名物社長さんがいて、爆笑エピソードから笑えない裏話まで山のようにあります。

その社長さん、とにかくお小言が多かったのです。気に入らないことがあると怒りまくるわけです。そうすると周りもだんだん、イライラしてきます。

そんなときに私は、第4章の「愛称ではなく、きちんと名前で呼ぶ」の逆をよくやっていました。

「社長」と呼ぶから心がつらくなる、愛称で呼んでしまえ！　と思ったのです。

「社長、お叱りはかんにんして」

と言うところを、「社長」を「○○ちゃん」に変えたのです。

「うちの○○ちゃん、また無茶言って……」

なんだか、怒りの気持ちが和らげられ、腹が立っている時間が短くなりました。

怒りを長続きさせると「感」の働きが鈍くなります。短くすると心が軽やかになり、いつもの「感」が戻ってきます。

社内の上司だけではなく、外部の苦手な人にも有効だと思います。

ただこの〝儀式〟は、あくまで心のなかでつぶやくように気をつけてください。口に出すと……大変なことになりかねませんから。

この社長さんは、私の大恩人。いまも感謝しています。

◉ビジネス上のルールで「感」を開発

仕事の「感」を高めたいとき、いくつかこのあとでご紹介しますが、実は先輩から教えてもらうビジネス上のルールに、「感」の開発に役立つことがあります。

例えば、書類をホッチキスで留めるときには書類の角をきっちりと合わせなければいけないとか、帰るときには机の上をきれいに片付けるとか、書類はキッチリ揃えて置いておくとかもそうです。仕事の効率を上げるためには、仕事に対する自覚を正しく持たなければいけません。つまり仕事に心を通わせることになり、それはイコール仕事の「感」の開発に繋がるのです。

それに、仕事はひとりではできないものですから、人との繋がりの「感」の開発も大切になります。たとえ、ひとりでもの作りをしている職人さんでも、作ったものを必要としてくれる人に届けてくれる人がいなければ仕事は完了しません。

仕事にはさまざまな「感」が必要ですが、自分がその仕事を楽しいと思う気持ちが強ければ仕事に心を通わせることができ、その時間が多くなればなるほど、「感」は研ぎ澄まされてきます。

楽しく仕事をするようにしましょう。

✿仕事の効率を上げ「感」も高める

ビジネス用のデスクというと、灰色のイメージが私にはあります。そして、引き出しを開けると、仕切りはだいたい黒色。

多くの人が集まる事務所スペースは、個人の個性を際立たせるというよりも、むしろ淡々と仕事をこなせるように、灰色やベージュが基本カラーとして定着したのではないかと思われます。

外国のオフィスでは、赤いドアとかブルーのパーテーションとか、鮮やかな色が使われているのを映画などで見かけますが、日本の企業が求めるのは個性的であるよりも、全体的な統一感なのかもしれません。

とはいうものの、それでは仕事が楽しくなくなってしまいます。

そこで、やってみてほしいのが、引き出しのなかをカラフルに変身させるという方法です。

いちばん上の引き出しにあるトレーって、ほとんど黒色でしょう。そこにきれいな紙を貼るのです。これだけで「感」が高められます。

お気に入りのカラーでもいいし、好きな柄でもいいです。よく使うペンを入れているところは赤色、クリップなど細々《こまごま》したものを入れるところは黄色、カッターやハサミはヒョウ柄……など色分けしていると、使いたいものがすぐに見つかるようにもなります。

大きな引き出しのなかに収めているファイルは、カラフルな色を使いましょう。テーマごとに色分けするのもいいですし、進行中、保留中、すぐにやることなどによって色分けするのもいいでしょう。

カラフルにするのは机のなかですから周りからは見えず、だれからも注意されることはありません。存分に楽しむことができます。

第1章でご紹介した色による「感」の開発方法（手軽に「感」をレベルアップ）「住環境を好きな色に染め上げる」と同様に、デスクのなかを好きな色で染め上げてみましょう。

デスクのなかを色分けしてカラフルにする

✿デスクが汚いと「感」は働かない？

デスク周りがいつもきれいな人と、いつも乱雑な人がいます。

帰るときには机の上になにも置かれておらずスッキリしている人と、書類が山のように積み重なっていて、机の上の面がまったく見えない人……。

デスク周りを片付けられない人は、気持ちの整理ができておらず、課題や問題を抱えていることが多いようです。

要するに、いまなにをすればいいのかがわからなくなっているのです。

一つひとつ整理していけばいいのですが、混乱しているために整理をする前に次に手を出してしまい、結局なにひとつ片付けられないままになってしまうのです。

こういった状態が続くと、イヤな気持ちや悲しみといったマイナスの要素も整理できずに溜まってきて、あまりいい状態ではなくなります。

逆に整理できている人は、自分の心の状態を理解しているはずです。

しかし、デスク周りのきれいな人が「感」がよく働き、汚い人は働かないかというと、一概にそうは言えないのです。

整理ができない人に限って、必要な書類を山のように積み上げられたなかから、すぐに見つけられたりしませんか。悪い環境を「感」がサポートしているのです。しかし、「感」の質で言うとそこ止まり。さらにいい「感」を働かせようと思っても、環境が足を引っ張ることになります。

ですから、自分の持っている「感」のランクアップを図りたいならば、デスク周りはきれいにしたほうがいいのは間違いありません。

整理できない人に、ひとつアドバイスです。

簡単なことですが、書類は使ったら元のところに戻すのです。きっとデスクが整理できていない人は、右にあった書類を使い終わったら左に置いてしまうのだと思います。書類は落ち着きどころを失って、デスクの上をさまよいだしてしまうのです。

これだけで随分、違うはずです。試してみてください。

デスク周りがきれいだと、「感」のランクアップが可能。使った書類を元の場所に戻すところから始めよう

✿トラブルや問題のある来客への対応

来客があったとき、お茶をお出しするのも大切な仕事のひとつです。

仕事を始めた最初のころ、お茶出しのマナーを教わった人も多いのではないでしょうか。私も若いころ、会社で教わりました。

さまざまなお客さまが来られますが、いい商談の話ばかりではありません。トラブルで怒り心頭のお客さまや、問題のあるお客さまが来られたときに有効なお茶の出し方を、こっそりお教えします。

お出しするお茶に、少し塩を入れるのです。ほんの少しですよ。

塩の代わりに砂糖でも同じ効果はあるようです。

日本茶の場合は、とくに量には気をつけてください。お茶の味が変わってしまいます。コーヒーをお出ししている場合は、塩で試してみてください。砂糖では当たり前ですから。

なぜ効果があるのでしょう。「このお茶、ちょっと違った味がするぞ。しょっぱいのかな」と思った瞬間に、怒りの意識がそらされるのでしょうか？　理由はわかりま

お出しするお茶に微量の塩か砂糖を入れる

せんが、大きなトラブルにならずに済んだことが何度かありました。

　この方法、上司が怒っているとき、怒りを収めるのにも効果があります。

　もし、お客さまや上司の怒りがあまりにも大きなときには、「ガバジャラミタ、ガバジャラミタ」と言いながらお茶に塩か砂糖を少し入れてください。効果がすぐに見えてきます。

「変な味がする」と言われては効果は消滅してしまいます。微妙なさじ加減が重要です。

✽大事な仕事をうまく進めたいとき

先ほども机のなかに好きな色を使うと「感」の開発に良いと書きましたが、仕事に色の効果を利用する方法をお伝えします。

まず、いちばん自分が好きな色を把握しておきます。

好きな色でも元気が出る、落ち着く、スッキリするなど心情にピッタリはまる色を把握できていると、なおいいです。

その日にある仕事で、最も力を入れるべきことがあると思います。例えば、大きなプレゼンテーションがあるとか、集中してお金の計算をしなければならないとか、大切な人と会うとかです。

そういった状況に合わせて、そのときにいちばんイメージがピッタリする色を持つのです。ハンカチでもいいし、その色の下着でもOKです。

例えば、プレゼンテーションがあるときには、いちばん好きな色を身につけて自分自身を最大限にアピールします。さらに、見えるところに目立つ色をつけてより注目を集めると、さらに効果が上がります。

そのときにいちばん好きな色がブルーなら、ブルーの色柄が入った下着をつけ、ジャケットのポケットに鮮やかな色のポケットチーフを入れるといいでしょう。

お金の計算をするときには冷静になれる色を、人と会うときにはホッとする色を身につける。そういう使い分けをします。

色のエネルギーは、光のエネルギーに通じます。好きな色や自分に合っていると感じる色を身につけていると、「感」の働きも活発になります。

また、色のエネルギーを利用して、社内やチームをまとめることも可能です。

同じ部署やプロジェクトチームの一体感を持ちたいとき。仕事の道具や文具などを同系色で合わせるか、あるいはリーダーの好みの色に全員が合わせます。

まとまりのある運営ができるはずです。

色に対する「感」の開発は、日頃から意識していてください。

いちばん好きな色を身につける チーム全員、同系色で合わせて一体感を持つ

✿初対面の第一印象が悪くても10分待つ

仕事の始まりは名刺交換からです。これからお付き合いが始まる、ご縁の繋がりの最初の一歩です。

「第一印象がすべて」「人の評価は第一印象で決まる」と言われますが、私はもう少し〝様子見〟があってもいいと思います。1分1秒も無駄にはできないのもわかりますが、それで判断を誤っては元も子もありません。

私は、〝様子見〟の時間が10分くらいは必要だと思っています。

初対面の相手の印象というのは、いままでの経験から「この顔立ちの人は、こういうタイプだ」と判断します。しかし実際は、それほど多くの経験をしてきたわけではなく、ごく狭い領域の情報から判断しているのです。相手も初対面ゆえに、仮面をかぶっていることもあります。

表面の取り繕いが取れ、本質が見えてくるのが10分経ったころなのです。

第一印象がすべてだと思い込んでしまうと、ある意味その色眼鏡で相手を見続けることになります。色眼鏡は外さないと、相手の本当の姿は見えませんし、その後の仕事もうまく進みません。

表面だけを見るのではなく、人間そのものを見る習慣を付けてください。

人に会うと名刺がどんどん増えてきます。名刺の整理の仕方にも時間をおくというやり方があります。

交換した名刺は1カ月で整理をする

名刺ケースを３つ用意しておき、いただいた名刺をまず３つに分けます。
①実質お付き合いしていくときは「残す」、②１カ月もしないうちに顔も浮かんでこないだろう人は「付き合いなさそう」、そして③「ちょっと気になる」の３タイプです。問題は「ちょっと気になる」タイプです。きっとご縁があるから気になるのです。しばらく残して、年賀状のやりとりなどをして繋がっておくのがいいでしょう。
名刺整理は１カ月が目安です。仕事を効率良く進めるためにも、必要ないと思った名刺は、どんどん捨ててしまいましょう。

✿スケジュール優先で巻き込まれた惨事

「感」が開発されてくると、仕事自体が順調に進むだけでなく、さまざまなトラブルから回避できることがあります。

いまから約35年前。東京発、大阪行きのジャンボジェット機が御巣鷹山の尾根に墜落する大惨事がありました。夏休み中の月曜夕方の便ということもあり、お盆の帰省客やビジネスで利用する人が、この事故に巻き込まれました。著名人も含まれていましたが、この事故を回避できた人もいるのです。

ある企業の役員さんが、ちょうど東京で取締役会があり、帰りにその便を予約していたそうです。ところが取締役会が終了し、無事に終わったこともあったのでしょう、久しぶりに役員同士で麻雀をやらないかという話になりました。

普段はスケジュールを変えるようなことはしないのですが、そのときはなぜか周りからも強く誘われ、せっかくだからみんなとのコミュニケーションを図ろうと、予約をキャンセルして麻雀卓を囲んだそうです。

そして、忌まわしい事故が起きてしまいます。

普段はスケジュールを厳守する人が、珍しく麻雀に誘われて九死に一生を得たのです。これは自分の「感」が働いただけでなく、周りの人たちの「感」も手助けしたのではないかと思われます。

一方、この事故で亡くなられた人のなかには、搭乗の時間が迫ってくるにつれてだんだんと体調が悪くなっていったにもかかわらず、スケジュールは守らなければならないと無理してその便に搭乗された人もいたそうです。

そして、帰らぬ人となってしまいました。

仕事のスケジュールは最優先にしてしまいがちですが、命に勝るものはありません。自分の「感」は信じるべきです。

我が身を守るためにも、第1章（「感」の開発を実感できる方法）「スケジュール表やカレンダーにチェックを入れる」などを行い、「感」の開発を怠らないようにしましょう。

スケジュールに縛られず、自分の「感」を信じる

第6章

お金の「感」を開く

◉ほどほどの物とお金があれば十分

人が幸せを手に入れるために、お金はある程度必要です。

でも、必要以上に欲しがるところに問題があるのです。

物欲、所有欲を満たすためには、お金が必要になってきます。お金が入ってくればきたで、浪費癖がムクムクッと顔を出してきます。

人はなぜ、必要以上に物を欲しがるのでしょう。

それは、日常で満たされない思いが募り募って、その反動でもの言わぬ物たちを支配下に収めたくなるからなのです。

人と人の繋がりを大切にしたいのに、思うようにならない。その満たされぬ思いが、物へと向けられるのです。

そして、その味を一度覚えてしまったらもう歯止めがきかず、転がるようにその世界にはまっていってしまいます。

お金に執着があり過ぎる人は、立ち止まって振り返り、思い出してください。

お金で買えないものがあることを。

お金で買えないもののなかに、幸せがあることを。

人の愛情はお金で買えません。人の信頼も買えません。親切も買えません。天国へのパスポートも買えません。もちろん、命もお金では買えません。物を集めることが、あなたの心を満たすかどうか、どうぞ想像してみてください。

季節ごとに買った服の数々、袖を通していない服があるのではありませんか？　買い揃えたたくさんの靴、1年に1回も履いていない靴があるのでは？

それでは、所有されている物たちもかわいそうです。

お金を欲しがるなとは言いません。ほどほどのお金があれば、それでいいのではないでしょうか。

◎お金の「感」を開くには執着をなくすこと

私は皆さんに本来だれもが持っている「感」を取り戻してほしくて、この本を書いています。しかし、人は欲に満ちている状態では、「感」が働きづらくなってしまい、それればかりか「感」が働いたとしても、それを受け取ることができなくなってしまうのです。

お金に執着を持っている状態は、かなり危険な状態です。

では、お金の「感」はどうすれば開けるのでしょう。

ひとつはお金自体を大切に扱うこと。

お金は召使いでも奴隷でもなく、あなたのパートナー的な存在です（お金にもパートナーがいるのですよ。それはこのあとに書きますね）。一方的に命令したり、自分勝手に動かしたりするのではなく、うまくコミュニケーションを図ってお付き合いをしていくものなのです。

「あなたのことが大好きだ」という気持ちを表すことも大事です。

あなたはお金の顔をじっと見つめたことはありますか？

お金に話しかけたことはありますか？

お金に気持ちがあるとしたら、また再びあなたの元に戻ってきたいと思うでしょうか。ちょっと考えてみてください。

そしてもうひとつ。お金で買えないものの存在を認識することです。

お金で買えるもの、買えないものの存在をバランス良く、自分の心のなかでとることができれば、「感」も少しずつ本来の働きを回復してくれます。

◉「感」が働かないなら勝負事はやめておく

お金を稼ぐために働く……のではなく、ギャンブルで儲ける。それもお金を手に入れるひとつの方法ではあります。

しかし、本来ギャンブルは娯楽であり、生活の糧を稼ぐものではありません。それをわかっているのなら、なにも問題はありません。そういうときには「感」も十分に働きます。

ところが、お金を稼ぐことに目が行ってしまうと、たちまち一転します。「感」の働きは鈍り、負けた分を取り戻そうとすればするほど、泥沼に入り逃げ出せなくなってしまうのです。

ギャンブルにはまってしまい、やめたいと思っている人は多いかもしれません。でも、やめられないのですよね。

私は、無理にやめる必要はないと思うほうです。

負ける勝負事をやめればいいのであって、勝てるものまでやめる必要はないと思いますが、勝負事はやはり、ほどほどがいちばんです。

✿財布はお金のパートナー

お金のパートナーってなんだと思いますか？

私は財布だと思っています。

お金を入れて毎日持ち歩くパートナー。そこからお金を出し、そこへお金をしまう。いつもあなたとお金とともにいるとても大切な存在、それが財布です。

お金と親密な関係にある財布には、当然パワーがあります。

財布のパワーが強いときには、多くのお金が集まってきます。パワーが落ちてきたら、出ていくほうが多くなる……。もし、最近無駄遣いが多くなってきたり、金運が下がっているのではないかと感じているのなら、どうぞあなたの財布をチェンジしてあげてください。時には財布も休ませてあげることが必要です。

私は、いままで使った財布を捨てずに大事にしまっています。現在、保管している財布は20個以上あります。それまでずっと一緒に歩んできた財布ですから、新しい財布を買ったからといって、ポイッと捨てられないのです。貧乏性なのかな……。でも、捨てずにいるので、買い替えるのではなくチェンジすることができるのです。

お金に縁遠くなってきたと感じたら財布をチェンジ

財布は人生とともに歩む金庫番です。だから私は、お金があって絶好調だった時期を知っている財布には、再びご登場いただこうと思っています。十分に休養をとって英気を養った財布は、お金を運んできてくれそうだと思いませんか？

財布は、財布が〝張る＝ハル＝春〟ように、春に買うのがいいと言われています。もしあなたが、夏に買ったらいいことがありそうと心がウキウキするなら、その時季でもＯＫです。

✿普段使いの財布にひと工夫

財布にはパワーがあります。

そのパワーを高めることができれば、お金が入ってきます。

そのための手軽で効率的な方法として、ここでも光の波動すなわち「色」のパワーを借りることにしましょう。

財布にスッポリ入るくらいの名刺大のカラーカードを用意し、日によってあるいは週替わりで財布のなかに入れるだけです。

「感」が十分に開発されてきていると感じている人は、その日の自分のいちばん好きな色を入れればＯＫです。まだ、「感」の開発に不安がある人は、色との相関関係を決めておきましょう。

例えば、純粋にお金が欲しいなら金色のカード、無駄遣いを抑えたいなら青色、計画的に使いたいなら緑色、勝負に出るときには赤色……といった感じです。色にもそれぞれに性格がありますが、自分でいちばんしっくりくるタイプと色を組み合わせて使えばいいと思います。

カラーカードにひと声かけて財布に入れる

そして、ここがポイント。カラーカードを入れるとき、財布にひと声かけるのです。

「頑張ってね。よろしくね」

そして、一日の終わり、あるいは1週間後、財布からカラーカードを抜き出すときにもひと言かけます。

「ご苦労さま。ありがとう」

このひと言をかけることによって、財布のパワーはさらにアップします。

大切な〝金庫番〟さんに、挨拶とねぎらいの声をかけるのは大切ですよ。

✿お金を隅々まで穴が空くほど見つめる

お金が私のところに来てくれること、これもご縁だと思っています。そのご縁を大切にしたいから、私はお金に挨拶をします。お札一枚一枚、コイン一つひとつに丁寧に。

私たちが人に挨拶をするとき、相手の顔をきちんと見つめます。だから私は、お金に挨拶をするときには、一枚ずつしっかりと見るようにしています。お札でもコインでも、どんな図柄なのか、なにが描かれているのか、隅々まで目に焼き付けるように見つめます。

なぜそんなことをするのかですって？　皆さん、お金は大事だと言いながら、どんな顔をしているのか、なにが描かれているのか、意外と知らないのではありませんか。

私はお金に感謝しているので、覚えるほど見つめて、「あなたにとっても興味があるのよ」と意思表示をしているのです。それに、お札って一枚一枚に個性があるものなんですよ。

お金だって興味がない人よりも、興味のある人のところに戻ってきたくなると思い

お金に丁寧な挨拶をする

ます。ニコニコと話しかけてくれる人には、また会いたいと思うでしょう。そして、気持ちの良かった場所には、次は友達を連れて帰ってきてくれると思いませんか。

　私は、一日の終わりには財布からお金を全部取り出して、広げて並べてテーブルの上に置いておきます。一晩ゆっくりと休んでほしいから。そして次の日の朝には、また財布に戻っていただきます。挨拶はそのときにするようにしています。

✿お金がやってくる合図

手相では、手の平の親指の付け根のふっくらとした部分を金星丘《きんせいきゅう》と言います。

私は手相占い師ではないので詳しいことはわかりませんが、金星丘は生命力の象徴であり、愛情を示す場所だそうです。

生命力が旺盛な人は、ここが発達していると言われていますが、たしかに大企業の社長さんや著名人、成功している人は金星丘が厚く、プクプクとしています。

これは、金星丘には生命エネルギーが流れ込んでいるからだそうです。

この金星丘には生命エネルギーだけでなく、不思議な世界からもさまざまな合図が送られています。

皆さんは、この金星丘がムズムズするときってありませんか？

実はこれ、金運が近づいてきている合図なのです。

ムズムズしたときにそこを掻いてしまうと、「感」が鈍ってしまいます。だからムズムズしたら、その瞬間、強く意識して絶対に掻かないようにしてください。

そして合図を感じたら、それをキャッチする儀式を行います。

金星丘がムズムズしたら「金」と3回書いてキスして飲み込む

感じたらすぐに、金星丘に「金」という字を3回書いて、チュッチュッチュッと3回キスをして飲み込むのです。キスで愛情を示すのが大事なところです。愛情をたっぷり注いで、飲み込んで体のなかに取り入れましょう。

合図を感じたときに、無意識に掻いてしまわないこと。合図を逃がさないようにするためには、「感」を研ぎ澄ませておくことが大切です。

勝負事の前に感じたら大チャンスです。

✿「感」の波を読む

「感」の開発を続けていくと、「感」の働きには波があることがわかってきます。ものすごくクリアに「感」が冴え渡っているときや、なにをやってもうまくいくときがあれば、なかなか「感」が働かず、自分でも状況が悪いなと感じるとき。それが、繰り返し繰り返し波のようにやってきます。

顕著にわかるのが、ギャンブルなどの勝負事です。

「感」が冴えているときは、「勝とう勝とう」と思わなくても、「今日は勝つはずだ、負けるわけがない」と自然と勝ちモードに入っているものです。

ところが、「今日は負けるわけにいかない」と妙に力が入っていたり、「勝ちたいけど、とりあえず楽しめればいい」と思っているときは、「感」も鈍りがちだったりするのです。

それを感じているから、必要以上に力が入ったり、楽しめればいいと思ったりしてしまうのでしょう。

とくに、勝負事に「楽しめればいい」は厳禁です。思った瞬間に勝ちは逃げていきます。その声を聞いた勝負の神様が、「楽しめれば、勝たなくてもいいんだ」と思ってしまうからです。

今日は勝てる気がしないと思ってもやめられないものですが、そう感じているときにできることはただひとつです。

ほどほどで切り上げること。

「それができれば苦労はしない！」という声が聞こえてきそうですが、どのようなことでも休みは必要なものです。休みがあるから活力も出てくるのです。

休んでいるときがあるから、勝つときがある。そう思えば、ほどほどで切り上げることもできるのではありませんか？

「今日は、ほどほどにしておいたほうがいいよ」という「感」の声に、耳を傾けることは大切です。

「感」が鈍っているとき、ほどほどで切り上げれば次に繋がる

✿パチンコで勝てないとき

例えば、パチンコで勝てないと感じたとき、「ほどほどでやめる」にしても負けた悔しさを引きずっては、次に繋げることが難しくなります。

引きずらず次に繋げるためには、パチンコ店を出るときに、もうすっかり忘れているくらいスッキリした状態で帰らなければなりません。

そのためには、パチンコ台にこう言うのです。

「本当はもっと遊びたいけど、どうもキミは遊ぶ気がないようなので、帰るわ」

「毎日でも来たいのだけれど、来てもこんなことが続くのなら、当分来ないわ」

宣言すれば、モヤモヤ感を断ち切って、スッキリした気分で帰ることができます。

ギャンブルも縁のものです。縁があって座ったパチンコ台と、コミュニケーションをとるのって普通ではありませんか？　だから当然、儲けさせてもらったときは、お礼を言います。

「ありがとうな！　また遊ぼうな!!」

「感」が冴えていないときには、どうしても勝てないことがあります。

パチンコ台に言葉をかけてコミュニケーションをとる

そういうとき、勝てないのは自分のせいなのに、相手にあたってしまいがちです。そうなると、あたられたパチンコ台は、自分は悪くないのになんであたられるんだと思ってしまいます。パチンコ台とは、絶対に喧嘩をしてはいけません。ご縁があって座るのですから、コミュニケーションをとるように心がけてください。

そうすれば、次のときにはいいご縁が結べるはずです。

✿勝負事やギャンブルでの注意点

多くの人の動物的「感」が開いてきていますが、勝負事やギャンブルの勝負「感」というのは、ちょっと独特かもしれません。

勝負事やギャンブルが好きな人は自分のやり方にこだわりが強く、〝勝つためにはこうだ〟という独自の勝負哲学を持っています。

勝ちの方程式を持っている人は、方程式通りに行っているときはいいのですが、一度それが崩れると、止めどなく転がり落ちる可能性があります。勝ちの方程式が絶対のものだと思い込んでいるために起きることです。

とらわれ過ぎると真実が見えなくなるいい例ですので、気をつけましょう。思い込みは、「感」を鈍らせるだけです。

では、勝負事に勝つためには、どのような状態で臨むのがいいのでしょう。

私は無になることだと思います。

無というのは、最も「感」の働きやすい状態のことです。なにかを選ぶとか決める際、いままで蓄積してきたデータから判断するにしても、最終的には無の状態で決断したことが最も勝ちに近づくのではないかと思います。

勝負事やギャンブルは、勝った負けたを繰り返し、最終的にプラスになっていればいいのですが、負けを引きずる人が多いのではないでしょうか。

〝勝つための方程式〟は持っていても、〝負けを抑える方程式〟を持っている人は意外と少ないようです。

目先の勝ちにこだわったり、負けが込んでいるのにここで取り返さなければと熱くなったり……。

トータルで見る目を忘れてしまっているのです。

終わってみたときに勝利者になっていればいい。そういう気持ちで、勝ち負けのバランスを取りながら、そしてトータルの視点を忘れずに、最終的には自分の「感」を信じて、勝負に臨んでください。

勝負に勝つには無になること。負け方を知るのも大切

✿パチンコ依存症から抜け出したい

ほどほどに勝負事やギャンブルを楽しんでいる分にはいいのですが、ギャンブル依存症になってしまうと大変です。

開店前からパチンコ店に並び、閉店まで打ち続けてしまう人がいます。

パチンコ台に向かっているときは、心ここにあらずの状態。「心を忘れている」ということは「感」が働いていない危険な状態だと、皆さんもうおわかりのことだと思います。

でも、やめられないのがパチンコなどのギャンブルなんですよね。

なぜ、パチンコにはまってしまうのでしょうか。

パチンコには、さまざまな刺激があります。音、光、玉の動き、数字や図柄が並ぶ、そして玉が出るという興奮。これらは、それぞれの相乗効果で脳を強く刺激します。

脳内では興奮物質が激しく分泌され、過度に興奮した状態がパチンコを続ける限り持続します。脳はまさに中毒になり、この刺激、興奮を求めてしまうのです。

少しでも刺激を和らげることが、依存症からの脱却に役立ちます。私はサングラスをかけることをおすすめしています。色は濃い目の茶色がいいようです。

パチンコで最も興奮するのは、「確変」が来たときと言われています。数字や図柄が並んだとき、脳は最も興奮状態になるそうです。

その刺激をサングラスを通して見ることにより、興奮状態を抑えることができ、早い段階で冷静さを取り戻すことができるのです。

興奮はするのですが、すぐに冷めてしまう。

刺激が薄れてしまうことで、少しそのゲームに飽きた感じがして、長く続けようと思わなくなります。いままで一日中、パチンコ台の前に座っていた人も、2時間もすると刺激がもの足らなく感じ、お店を出たくなるでしょう。

パチンコの刺激から脱却すれば、日常の生活にも「感」が戻ってきますし、勝負事に関する本来お持ちの「感」も開けます。

濃い目の茶色のサングラスをしてパチンコをする

おわりに

心の内を現す言葉に、

「ウキウキ、ワクワク、ルンルン」

があります。

なにかに魅せられると、人はウキウキしたり、幸福の予感がしてワクワクしたり、ルンルンな時を過ごします。

「ウキウキ、ワクワク、ルンルン」

この言葉は、理由なく人恋しくなったときや、やる気を出すときに、自分に話しかける、私にとって魔法をかけられたような言葉です。

誕生していまの瞬間まで、あなたも私も体験するすべてのことは、生きている証です。

私、思うんですよね。

だれもが、同じ思いを体験しているって。

「未来が不安になったり、子どもの将来が心配になったり、自分だけがついていないと思ったり」

あなたや私に忍びよる思いは、皆一緒なの。

ただ自分にとって不都合なことを、私は長持ちさせるのをやめているだけなんです。

だって気が落ちると、感性も落ちるんですもの。

あなたと私の生き方の違いはわかりませんが、あなたも私も間違いなく、いまの世に必要な人。

だからあなたも、生まれながら持っている「感」を磨いてほしいと思い、この本を書きました。

どうか私が特別だとは思わないでください。

人として、この地球で暮らしている以上、人らしさを大切にしましょうよ。

あなたが笑顔で、「ウキウキ、ワクワク、ルンルン」で過ごしていただけることを願い、私流の「感」を育む方法を書かせていただきました。

一度、試してみてください。

「読んだだけ」では、人生を楽しめません。

自分の人生です。

人生は気づいたときから、いつでもやり直せます。

「後悔、反省、心配、不安」はほどほどにして、いまからご自分の未来を明るくするために、この本をお役立てください。

最後までお読みいただき、心から嬉しく思います。

いつも仲良くしてくださり、ありがとうございます。

松原照子（まつばら　てるこ）

1946年10月15日、兵庫県神戸市生まれ。株式会社SYO代表取締役。自身のブログ『幸福への近道』で、東日本大震災の被災エリアを細かく当てたことが話題となる。本業である経営コンサルタントのほか、財界人へのアドバイスも行っているライフアドバイザー。『聞いてビックリ「あの世」の仕組み』（東邦出版）、『あの世にいる大切な人とつながって幸せになる方法』（宝島社）、『不思議な世界の方々が気づかせてくれた「わかってほしい」をやめる教科書』（幻冬舎）など著書多数。

松原照子公式ウェブサイト
https://terukomatsubara.jp